# Palabras de elogios para *La Oración de María*...

«*La Oración de María*...presenta el Fiat de María como modelo de una sincera oración y la devoción de María a su Hijo y Salvador como ejemplo para todos los cristianos. Creo que este libro transformará el corazón, la mente, la vida y la manera de vivir de muchos, y los llevará a un andar con Dios más profundo. En una era que parece haber perdido el corazón, el bellamente escrito libro del diácono Keith Fournier le presenta de nuevo al mundo a la mujer que todavía llamamos "bendita" y el camino que conduce a la verdadera libertad y la verdadera paz.»

—Senador Rick Santorum
Senador de los Estados Unidos por Pensilvania

«El mayor anhelo de Juan Pablo II durante su pontificado, haciéndose eco del evangelio, era que "todos podamos ser uno". Es la meta más importante que no alcanzó durante su agraciada vida. El diácono Keith Fournier, hombre de la "Nueva Evangelización" en muchos sentidos, ha escrito un libro sobre María, la madre de Dios, a quien ve claramente como la persona que puede llevar a todos los cristianos a adorar juntos al Señor. Solo imitando a la Virgen María en su oración, humildad y profundo amor por la persona de Jesús alcanzaremos esa meta para la gloria de Dios y el bien del mundo entero. Pocos hombres en nuestros tiempos han trabajado más diligentemente por el verdadero ecumenismo que Keith Fournier. Este libro marca otra etapa importante al unirnos para que podamos predicar con mayor efectividad y vivir el Evangelio de la Vida ante nuestra sociedad como lo vivió María en su propia vida».

—Fray C. John McCloskey III
Sacerdote católico de la Prelatura del Opus Dei
Investigador, Instituto de Fe y Razón

«El diácono Keith A. Fournier es un como un regalo para la Iglesia en nuestro tiempo. Sus escritos, que trascienden el sectarismo de " izquierda" y "derecha", reflejan una percepción espiritual y analítica que es orientadora en la Nueva Evangelización que ya está en marcha».

—Stephen Hand
Autor, Editor, TCRNews.com

«¿Ama usted a la Bendita Virgen María? Este es un libro que lo ayudará a explorar maravillosa, bíblica e históricamente el corazón y el papel de María en la historia de la salvación. ¿Está usted entre los se preguntan por qué tanta algarabía? He aquí un libro que le da un vistazo panorámico a esa increíble mujer que Dios usó extraordinariamente que usted pronto aprenderá a amar? El diácono Keith

Fournier ha captado tan bien el palpitar del corazón de la mujer que la Iglesia llama "Teotokos" (la Madre de Dios) desde hace dos mil años, que sus palabras trascienden la cuestión de Oriente u Occidente, protestante o católico, histórico o moderno. No solo recomiendo este libro, sino que lo voy a estar regalando».

RANDOLPH SLY
Arzobispo Supervisor de la Provincia Oriental, para la Oficina de Comunicaciones Comunión Internacional de la Iglesia Episcopal Carismática

«Keith Fournier ha dado un gran regalo a la totalidad del Cuerpo de Cristo al mostrarnos que la obediencia y la espiritualidad de María son modelos para nuestra relación con Jesús. De todas las personalidades en la historia del evangelio, pocas figuras tienen la alta relevancia de María. Tristemente, nosotros los protestantes evangélicos casi la hemos ignorado. Sin embargo, María fue la primera en "aceptar a Jesús" cuando le dijo que sí al ángel, y permaneció más cerca de nuestro Señor que ninguna otra persona en la tierra. Este es un excelente, tierno y bellamente redactado estudio de la madre más importante —algunos dicen que cristiana más importante— que ha existido».

—REV. ROB SCHENCK, D.D.
Ex miembro de la directiva, Evangelical Church Alliance
Presidente del Concilio Nacional de Clérigos, Washington, DC

«La oración de María presenta a los lectores contemporáneos a María, la Madre de Jesús, como modelo y madre de todos los cristianos. Nosotros los cristianos orientales la veneramos como "Teotokos", la Madre de Dios y Portadora de Cristo. Nuestro "Himno de Alabanza" bizantino llamado "Akathíst en honor de nuestra Señora Teotokos" (Madre de Dios) expresa, en versos poéticos y devocionales, la belleza de la Mujer que todas las generaciones llaman bendita. En cada liturgia se le da su lugar de honor, como debe ser en la oración y estilo de vida de cada cristiano. Como este bello libro explica tan claramente, María nos inspira, por medio de sus palabras y testimonio, a vivir una vida totalmente sometida a Dios. La oración de María es un tesoro. Inspira a los lectores a tomar su lugar junto a la Cruz de Jesucristo, donde la Misericordia de Dios se manifiesta a todo el mundo. Allí, en oración, nos unimos a su Madre y Madre nuestra.
El diácono Fournier es un amigo cuyo trabajo ha ayudado a tender un puente sobre el abismo que desafortunadamente ha separado a muchos cristianos por demasiado tiempo. La oración de María continuará su importante labor de llevar a los cristianos a una relación con Dios más profunda. Lo recomiendo altamente».

—OBISPO JOHN ADEL ELYA, B.S.O.
Eparca Emérito de la Diócesis de Newton, Obispo Católico Bizantino
Eparquía Melquita Griega Católica de los Estados Unidos

# La

# ORACIÓN de MARÍA

## KEITH FOURNIER
### con LELA GILBERT

# EDITORIAL
# CATÓLICA

© 2005 Editorial Católica
Una división de Thomas Nelson, Inc.
Nashville, TN, E.U.A.

Título en inglés: The Prayer of Mary
© 2005 por Keith Fournier con Lela Gilbert
Publicado por Third Millennium, LLC
Una division de Thomas Nelson, Inc.

ISBN 0-88113-934-3

Traducción: Miguel Mesías
Edición y tipografía: Rojas & Rojas Editores, Inc.

Impreso en E.U.A.
Printed in the U.S.A.

# CONTENIDO

## Tercera Parte: El camino de María

*Tal como Eva, esposa de Adán, sin embargo todavía virgen, llegó a ser por su desobediencia la causa de la muerte para sí misma y toda la raza humana, así María también, desposada y sin embargo virgen, llegó a ser por su obediencia la causa de la salvación para sí misma y toda la raza humana.*

—*San Ireneo del Lyons,* Contra Herejías, *III,* 22.

# PREFACIO

Hace varios años nos invitaron a mi esposa y a mí para
celebrar la vida de Pat Robertson, el bien conocido
predicador evangélico. Participamos en una reunión
de gala, que se celebró en un lujoso salón en el sur de California.
Fue una experiencia maravillosa participar en un evento que ren-
día tributo a un hombre que ha ejercido un gran impacto en mi
propia vida y carrera. Los invitados, sin embargo, no eran de
aquellos con quienes uno normalmente se siente cómodo. Éra-
mos solamente un puñado de católicos romanos en esa reunión.

La mayor parte de la noche estuvo llena de elogios, números
musicales estelares, y presentaciones con multimedios que hon-
raban a este dirigente protestante de alto perfil. Fue una cele-
bración de cumpleaños, llena de risa, reflexiones chuscas y el
consumo de los mejores manjares. Finalmente, al fin de la noche,
Jack Hayford, amado pastor de la iglesia Church of the Way, pronunció el discurso final y elevó una oración para concluir las festi-
vidades de la noche, y despedir a todos los participantes para que
hagan una diferencia en el mundo.

Realmente me sorprendió la manera en que concluyó sus co-
mentarios. Fue mejor que cualquiera de los manjares que engulli-
mos, porque satisfizo un hambre mucho más honda, un vacío del
alma. El mensaje del pastor Hayford (para sorpresa de algunos)
fue que estamos viviendo en lo que él llamó un «momento de

María». Con genuino afecto y profunda perspectiva, abrió el significado de la vida y misión de María, la madre de nuestro Señor. La presentó como modelo para toda persona presente que quisiera seguir a su Hijo en el tercer milenio cristiano. Me encantaron sus palabras. Después empecé a pensar más específicamente en lo que María nos dice a cada uno de nosotros.

En los textos del Nuevo Testamento hallamos muy pocas palabras dichas por María, pero no hay falta de su presencia en los sucesos más significativos de la vida, ministerio, muerte y resurrección de Jesucristo, y por consiguiente en los grandes sucesos de la historia de la salvación. María encontró a Dios de maneras profundas desde el principio hasta el fin de su vida.

Durante la vida terrenal del Hijo de Dios, cada palabra y cada acto suyo fue redentor, y revelaban la presencia de Dios, el misterio del cielo que tocaba la tierra, y el propósito más profundo de la vida cuando la vivimos enteramente para Él. María estuvo presente en la encarnación, nacimiento, crucifixión y resurrección de Aquel que los cristianos proclaman como Dios encarnado. Ella estuvo allí en los llamados años de silencio, durante su vida en Nazaret, en donde el trabajo ordinario era ennoblecido y la crianza de los hijos cambió para siempre.

> EL TRABAJO MISMO, A MENUDO VISTO COMO UN TEDIO, EN JESUCRISTO SE NOS REVELÓ COMO SANTO, CUANDO SE UNIÓ AL QUE FORMÓ EL UNIVERSO ENTERO.

Esto se debió a que Dios estuvo entre nosotros en Jesucristo, y toda la experiencia humana se transformó mediante su presencia. Primero, Él se alojó en un vientre, y lo hizo tabernáculo de carne. La obra de la redención empezó *in utero*.

Toda su vida Jesús estuvo redimiendo y transformando al mundo. El cielo tocó la tierra desde el momento en que «Aquel que es la Palabra se hizo hombre y vivió entre nosotros» (Juan

1:14). Mediante la encarnación de Jesucristo la experiencia humana por entero fue elevada y hecha nueva, por Jesucristo, plenamente Dios y plenamente hombre.

## UNA MUJER LLENA DE GRACIA

Dios encarnado hizo su primer hogar en el vientre de una mujer que dijo «sí» a la invitación de la gracia. Así ella llegó a ser una mujer «llena de gracia». A Jesús lo crió una madre terrenal que le dijo palabras tiernas, secó sus lágrimas y lo acarició. Lo amamantó, lavó su cara y lo peinó. Así fue que ella «fue madre» del Dios de toda la raza humana que, en Jesucristo, vino a vivir como uno de nosotros. Esto es central en la fe cristiana.

Jesús trabajó con sus manos, aprendió un oficio, y sudó por el esfuerzo del trabajo arduo. ¡Ah, la belleza y misterio de todo eso! La experiencia humana fue «supernaturalizada» en la humanidad de Jesucristo, lo ordinario fue hecho extraordinario. El trabajo mismo, a menudo visto como un tedio, en Jesucristo se nos reveló como santo, cuando se unió al que formó el universo entero. Toda nuestra experiencia humana llegó a ser la senda de nuestra santidad y transformación, cuando se vive en Aquel que la vivió por todos nosotros. Todo lo que Él hizo, toda palabra que dijo, lo hizo y la dijo como verdadero Dios y verdadero hombre, en las palabras del antiguo credo. En tanto que los discípulos de Jesús pasaron tres años con Él, durante su «ministerio público», María pasó con Él treinta y tres años.

María fue la primera evangelista, al dar testimonio de la encarnación de Cristo a su prima Elizabet. Ganó su primer convertido *in utero*, en la persona de Juan el Bautista. Este acontecimiento, tradicionalmente llamado la Visitación, se relata en el Evangelio de San Lucas (Lucas 1:39-45). Fue coronado por su respuesta humilde y obediente al mensaje del ángel, su *Fíat*. Esa respuesta no fue una reacción de una sola vez. Fue la expresión de entrega que se extendió todos los años de su vida, y que consideraremos cuidadosamente en la primera parte de este libro.

## EL CANTO DE ALABANZA DE MARÍA

Las palabras de María a Elisabet, sobre las que reflexionaremos en la segunda parte, se halla en un pasaje que es como un himno (Lucas 1:46-55), a menudo llamado el *Magníficat*. Veremos ahora cómo el mundo quedó patas arriba, no sólo debido al canto de alabanza de María, sino por su Hijo, cuya misión redentora predice ese canto.

En los años que siguieron a la Anunciación (cuando el ángel Gabriel se apareció a María y le dijo que iba a tener al Hijo de Dios) y la Navidad (su nacimiento), como lo veremos en la tercera parte, María estuvo con Jesús en varias ocasiones significativas. Una fue las bodas de Caná, cuando Él realizó el primero de sus milagros de una manera especial en respuesta a la intercesión de ella y debido al amor de Dios, perfectamente presente en Jesucristo. Entonces, como ahora, ella ofreció el consejo sabio y todavía pertinente: «Hagan todo lo que él les diga» (Juan 2:5).

Al fin de su historia que se registra, se presenta a María en el gran día de Pentecostés, el nacimiento de la iglesia. Junto con los otros discípulos de Jesús, ella recibió el derramamiento del Espíritu Santo que dio poder a la vocación misionera de los creyentes iniciales. María comprendía algo en cuanto al Espíritu de Dios; ella había sentido la sombra de su maravillosa presencia cuando el ángel la visitó por primera vez. Estos dos sucesos la equiparon para vivir toda su vida en completa sumisión a la voluntad de Dios, y prefiguró la misión de toda la comunidad cristiana.

Como veremos, el canto de María —expresado en su *Fíat*, *Magníficat*, y los datos que la Biblia nos ofrece en cuanto a su forma de vida— hablan de vivir una vida de amor rendido. Hablan de encontrar a Dios en una relación personal e íntima. Hablan de recibir, dar, recibir, dar, intercambio que significa llegar a ser una persona para otros, entrando más completamente en la forma de ser de Jesucristo y ofreciéndonos nosotros mismos, en Él, a otros. María nos enseña en cuanto a ofrecer el *Fíat*, nuestro humilde sí, siempre que el Señor habla.

## CÓMO ANDAR EN EL CAMINO DE MARÍA

Como el pastor Hayford dijo, los creyentes de hoy, en verdad todos los de buena voluntad, necesitan el ejemplo de María en nuestra época, que se caracteriza por orgullo, arrogancia, poder y exaltación de uno mismo. Su modelo de oración y canto revela la trama de toda su vida. Cuando aprendemos a andar en el Camino de María, que es realmente la forma de su Hijo y Salvador, hallamos el significado de la vida misma. Nosotros, también, somos llamados a responder al don de Amor iniciado por un Dios amante. Vivir en amor es lo que las Escrituras cristianas llaman "el camino más excelente" (1 Corintios 12:31). María entendió y anduvo en este camino con impresionante humildad.

¿Sorprende entonces que los primeros cristianos hayan pintado su imagen en las catacumbas en sus momentos de temor, persecución y duda? Entonces, como ahora, hallaron gran inspiración en esta mujer de gran fe. Cuando reflexionamos en el sí de María a Dios, llegamos a entender que personas ordinarias pueden cambiar la historia humana. Como los cristianos de toda época, María nos inspira a añadir nuestro propio sí, nuestro propio *Fíat*, al suyo.

Los escritos de los primeros padres de la iglesia están repletos de reflexiones sobre María, quien dijo muy poco en el texto bíblico. En verdad, nuestra vida espiritual no consiste en abundancia de palabras sino más bien en receptividad a la Palabra hecha carne. Como descubriremos, los primeros cristianos llamaron a María la segunda Eva, madre de una nueva creación, porque en su vientre ella llevó a Aquel que los autores bíblicos llamarían el nuevo Adán. Jesucristo nació de ella como el primogénito de una nueva raza de hombres y mujeres, aquellos que llegarían a tener un segundo nacimiento por la vida, muerte y resurrección de Cristo.

Un concilio cristiano de aquellos tiempos le dio a María el nombre que para siempre la separará de todos los demás en los ojos de los creyentes: *Teotokos*, que quiere decir La que llevó a Dios, o Madre de Dios. Sólo ella llevó en su vientre a la Segunda Persona de la santa Trinidad. También lo llevó en su corazón. Lo mismo podemos hacerlo nosotros. Todos podemos llegar a ser fuentes de su Espíritu para otros. Él reside en nosotros, y vive por medio de todos los que responden a la invitación de amor como María respondió.

> SOLO MARÍA LLEVÓ EN SU VIENTRE A LA SEGUNDA PERSONA DE LA SANTA TRINIDAD. TAMBIÉN LO LLEVÓ EN SU CORAZÓN. LO MISMO PODEMOS HACERLO NOSOTROS.

La decisión de María, su respuesta a la invitación de un Dios que siempre respeta la libertad humana, es un suceso singular en toda la historia humana. Sin embargo, tiene el propósito de ser mucho más. Le invito a que me acompañe a explorar la vida de María y reflexionar en nuestras propias historias. Que se puedan escribir de nuevo por la obra del Hijo de María.

María es un monumento de amor
    que enseña todas las virtudes.
Ella es nuestro modelo.

¡Nunca podremos entender
    la grandeza de María!
Ella está totalmente vestida de la Palabra de Dios.

Está escrito que ella
    «guardaba todo esto
    en su corazón» (Lucas 2:51),
    y esto quiere decir que ella vivía todo eso...

Cuando tratamos de amar y este amor se vuelve recíproco,
    Cristo vive entre dos o más personas.
Entonces podemos ofrecer a Jesús espiritualmente al mundo
    como María nos ha dado físicamente a Jesús
                                        —CHIARA LUBICH

Lo que tomó forma corporal en María, la plenitud
de la deidad brillando por Jesucristo en la bendita
Virgen, tiene lugar de una manera similar en toda
alma que ha sido hecha pura. El Señor no viene en
forma corporal, porque «ya no conocemos a Cristo
conforme a la carne», sino que Él mora en nosotros
espiritualmente y el Padre hace su morada con Él,
nos dice el evangelio. De esta manera el niño Jesús
nace en cada uno de nosotros.
    —GREGORIO DE NIZA (330-395 D.C., «ON VIRGINITY»
                            (PÁGINAS 46, 324 Y 836).

PRIMERA PARTE

# El *Fiat*

Entonces María dijo: «Yo soy esclava del Señor; que Dios haga conmigo como me has dicho». Con esto, el ángel se fue. (Lucas 1:38).

CAPÍTULO UNO

# UN CAMINO DE SANTIDAD

*Yo soy esclava del Señor; que Dios haga conmigo como me has dicho (Lucas 1:38).*

o soy esclava del Señor; que Dios haga conmigo como me has dicho» (Lucas 1:38). La historia humana cambió para siempre cuando María dijo esas palabras. Brotaron de un profundo reservorio espiritual en el corazón de una joven judía que amaba al Dios de sus padres: Abraham, Isaac y Jacob. El sí de María a su Señor se llama el *Fíat*, que en latín quiere decir «así se haga».

El *Fíat* de María brotó de un corazón lleno de su amor a Dios. En un contexto bíblico, *corazón* es una palabra que significa mucho más que el órgano de carne dentro de la cavidad torácica. Se refiere a nuestro centro, nuestra esencia, el lugar donde se arraiga nuestra más honda identidad y de la cual surgen nuestras decisiones fundamentales en la vida.

Las palabras de María proceden de su corazón, y era un corazón humilde. Esta joven no estaba llena de sí misma, ni trató de protegerse a sí misma, ni fue descreída. Por consiguiente, pudo someterse completamente *en* amor, *para* amar. Su asentimiento inicial al anuncio del ángel Gabriel revela el mismo significado de otra palabra bíblica: *santo*. Santidad no es cuestión de ser religioso o parecer piadoso. Es cuestión de ser desprendido. María era santa. Su vida nos muestra cómo llegar a ser santos, también.

En los idiomas originales, las palabras de las Sagradas Escrituras que han sido traducidas a la palabra castellana *santo* quieren decir «separar» o «consagrar». Se refiere a personas o cosas que están totalmente entregadas a Dios y a su culto. Si queremos ser santos, necesitamos explorar el significado de estas palabras y apropiárnoslas. En el lenguaje de todos los días, estas personas o artículos incluidos en el culto en el templo estaban dedicados por entero al servicio de Dios. Es en ese sentido que nosotros, también, somos llamados a separarnos para el Dios viviente. Debemos darle lugar dentro de nosotros mismos y en el mundo. Debemos llevar su imagen mediante un estilo de vida que irradie su amor.

Es sólo al abrazar las ideas de ser separados y consagrados que nuestras propias historias personales pueden realmente transformarse. Esto sucede mediante la conversión, o *metanoia*, que quiere decir «cambiar». Nuestra esperanza de cambiar, de llegar a ser santos, es abrir nuestra vida a Aquel que es la fuente de toda bondad y santidad. Somos llamados a responder a su invitación, a decir que sí a una relación personal con Él. Esto es el todo del *Fíat* de María. Al decirle que sí a Dios, como María lo hizo, podemos descubrir la senda a la conversión, a la santidad, a la espiritualidad auténtica.

> AL DECIRLE QUE SÍ A DIOS, COMO MARÍA LO HIZO, PODEMOS DESCUBRIR LA SENDA A LA CONVERSIÓN, A LA SANTIDAD, A LA ESPIRITUALIDAD AUTÉNTICA.

Nuestro llamado a abrazar el *Fíat* y hacerlo nuestro no es una fórmula para crecimiento espiritual fácil, ni es el primero de una serie de pasos que llevan a resolver los problemas de la vida. El *Fíat* no es la respuesta a un acertijo ni la solución de algún misterio. Las librerías están llenas de libros de cómo hacer algo. Este no es uno de esos.

La vida espiritual es una senda, e incluye un andar continuo, persistente, con el Señor. Él nos ha invitado a cada uno de nosotros a un intercambio íntimo, personal, de amor. Esta clase de intimidad con un Dios vivo y amante es el significado interior del *Fíat* de María, su *Magníficat*, y su forma de vida. Cuando abrazamos el canto de María y lo hacemos nuestro, permitimos que Aquel que María llevó en su cuerpo se encarne también en nosotros y por medio de nosotros.

Cada uno de nosotros puede decirle que sí a Dios. Cada uno

de nosotros puede responder con todo el ser, con un *Fiat* de amor rendido. Cuando lo hacemos, nuestra respuesta positiva marca el principio de nuestra participación en la misma vida del Dios que es Padre, Hijo y Espíritu Santo. Llegamos a ser hijos del Altísimo, y entramos en la vida del Dios viviente. En Él hallamos nuestra identidad más honda, nuestro ser real, mediante nuestra participación en Aquel que nos hizo, que nos redime, y que nos transforma por su gracia continua. Nuestra santidad viene al tocar al Dios santo, al ser llenos de su vida y amor.

La conversión empieza cuando decimos *Fiat* con palabras y obras. Nos introduce a una nueva manera dinámica de vivir *con* Dios y *en* Dios. Al perdernos en Él, nos hallamos de nuevo. Somos hechos nuevos y completos. Este intercambio santo, nuestra vida por la de Él, es la esencia de nuestro peregrinaje espiritual. No es cuestión de poder sino de impotencia. No es cuestión de crecer sino de menguar. No es cuestión de llegar a ser más grandes, sino de ser más pequeños.

Es breve, la verdadera espiritualidad es entrega.

Los cristianos a través de los siglos han aprendido que conforme nos perdemos en Dios, algo significativo sucede. Él se revela como un Dios que puede actuar, actúa y actuará en la realidad de nuestras experiencias humanas diarias. Nos hace posible tener una relación genuina, un diálogo, con Él. El de veras quiere que vivamos nuestra vida a plenitud. Es precisamente porque fuimos hechos para Él que hallamos nuestra satisfacción al vaciarnos, en el desprendimiento. Entonces, por supuesto, somos llenos y hallamos satisfacción en Él. (Sin embargo, esto es un fruto y no una meta. *Él* es la meta.)

La oración de María nos enseña a mantenernos a flote en el océano de la vida, con todas sus resacas. El camino de María es llegar a ser un arca por dentro. Cuando hacemos eso, el mismo Dios que se encarnó dentro de ella toma residencia en nosotros.

Viene a habitar en todos los hombres y mujeres que le dicen que sí.

La oración de María es una invitación a participar en la continua encarnación del amor de Dios, por amor al mundo. Es una invitación a vivir una vida de redención. Al vivir una vida rendida, no sólo nos transformamos, sino que también participamos en la mediación del amor de Dios a otros. La obra creativa continua y redentora del amor de Dios continúa por medio nuestro, conforme aprendemos cómo llegar a ser arcas, o lugares de habitación, mediante los cuales el amor cobra vida para todos los que nos rodean.

Entramos en la encarnación de Cristo al participar en el canto de María. Pero primero debemos oír la invitación de Dios. Debemos aprender a escucharla de todo corazón. Entonces podemos responder como María: «Yo soy esclava del Señor; que Dios haga conmigo como me has dicho» (Lucas 1:38).

> LA ORACIÓN DE MARÍA NOS ENSEÑA A MANTENERNOS A FLOTE EN EL OCÉANO DE LA VIDA, CON TODAS SU RESACAS. EL CAMINO DE MARÍA ES LLEGAR A SER UN ARCA POR DENTRO.

Dios toma la iniciativa. Puede susurrar a nuestros corazones por su Santo Espíritu, o puede hablar mediante su mensajero escogido, pero es Dios quien inicia y después espera nuestra respuesta. María, en su desprendimiento, fue receptiva a la visita del ángel. Reconoció quien hablaba. Escuchó, recibió y respondió. Al hacerlo así demostró el marco de una espiritualidad auténtica. Dios inicia una relación, y nosotros respondemos en entrega a Él. Esta dinámica, este camino celestial, lleva a un diálogo, a una conversación, a una forma de vida. Al decir que sí, mediante nuestro propio *Fíat*, somos apartados, consagrados, santificados.

María nos muestra *ese* camino.

# Capítulo dos

# Un camino de belleza

*Qué hermoso es ver llegar por las colinas al que trae buenas noticias (Isaías 52:7).*

Pueden imaginarse la escena cuando el ángel Gabriel se le apareció a María? La mayoría de los historiadores pone la edad de María entre los 13 y 15 años en ese momento. Imagínese lo que eso debe haber sido para ella.

He tenido el honor y el reto de criar a tres hijas (junto con dos hijos) en las más insólitas y retadoras épocas de sus vidas: su adolescencia. Los quiero a todos profundamente. Tengo que confesar que no estoy seguro cómo respondería alguna de mis hijas si el ángel Gabriel la visitara o confrontara. A la vez, ni siquiera estoy seguro cómo respondería yo.

En la tradición cristiana al encuentro entre María y el ángel se le llama la Anunciación. Ha sido el telón de fondo para algunas de las obras de arte más impresionantes de la historia humana, que muestran al mensajero que Dios envió a anunciarle lo que estaba a punto de hacer, no sólo en María, sino en el mundo. Es una historia maravillosa, y evoca hermosas imágenes en nuestra mente.

Debido a que fue receptiva a la invitación de Dios, María estuvo preparada para su encuentro con el ángel. Ella esperaba oír de Dios. Era una mujer de oración, y la oración la había preparado para responder a Dios con un espíritu de sumisión. La oración le había pavimentado el camino para una vida de humildad y servicio.

La actitud de María no se puede fingir. Surge como fruto de una relación genuina con el Dios que envía a sus mensajeros a los que se mantienen cerca de Él, que viven en una conversación continua con Él. Esta clase de experiencia puede tener lugar sólo mediante el ejercicio de la fe.

Este camino de fe empieza con la aceptación de que hay un Dios personal que se interesa no sólo por el mundo entero, sino por *su* mundo y *mi* mundo. Es un Dios misericordioso que comunica su amor mediante visitaciones en nuestra vida. De hecho, es parte de las tradiciones cristianas más antiguas que cada uno de nosotros tiene un ángel específico, un guardián, asignado para protegernos y dirigirnos todos nuestros días. Pienso que esto es mucho más que religiosidad: es realidad.

Al cultivar nuestra capacidad interna para escuchar, nuestros oídos espirituales, hallamos que también nuestros ojos se abren para ver la vida de forma diferente. Adquirimos nuevos ojos, los ojos de la fe, como María los tenía. Empezamos a ver la gracia de Dios en todo lo que nos rodea.

He estado con personas que son, como María, realmente «llenas de gracia». Tal vez usted también lo ha estado. Son personas verdaderamente hermosas. Eso no quiere decir que sean físicamente atractivas, por lo menos no según nuestro concepto occidental contemporáneo, aunque a veces lo son. Más bien, irradian una belleza espiritual más honda que brota de su participación con Dios, la fuente de toda belleza. Tal vez una de las mujeres más hermosas de nuestra edad fue la monja encorvada de Calcuta. Se llamaba Teresa, y la mayoría de nosotros puede recordar mentalmente su cara marcadamente arrugada. El mundo todavía se maravilla por su vida. Claramente estaba llena de gracia, y era verdaderamente hermosa.

El registro bíblico no dice nada en cuanto a la apariencia física de María, pero su respuesta al ángel nos dice mucho de ella. Si

> AL CULTIVAR NUESTRA CAPACIDAD INTERNA PARA ESCUCHAR, NUESTROS OÍDOS ESPIRITUALES, HALLAMOS QUE TAMBIÉN NUESTROS OJOS SE ABREN PARA VER LA VIDA DE FORMA DIFERENTE.

estamos llenos de gracia, esa gracia nos cambia de dentro hacia afuera, y nos hace más semejantes a Aquel que ha venido a morar en nosotros. Dios, después de todo, es la fuente de la verdadera belleza. María, que era llena de gracia, era muy hermosa.

María tenía hermosos ojos.

Lo sé por la impactante iconografía de la iglesia oriental y por los tesoros de arte sagrado de Occidente, los cuales he apreciado mucho toda mi vida. Pero lo sé en un nivel más íntimo por lo que sé de María. Con sus bellos ojos, pudo ver al ángel, y por consiguiente a Aquel que representaba.

María tenía oídos abiertos y atentos. Pudieron oír el mensaje que le llevó el ángel, un mensaje tan profundo que la cambiaría para siempre a ella, al mundo que la rodeaba y toda la historia humana (desde el principio y hacia adelante hasta el fin). El mensaje que María oyó fue una invitación de amor dirigida a toda la raza humana. Cuando el mensaje le llegó, María lo escuchó atentamente.

María tenía un corazón hermoso.

Sé esto porque ella con sinceridad se autotituló sierva del Señor. Pronunció palabras de servidumbre voluntaria que expresaban su entrega, amor y humildad. María de Nazaret no tenía ni rastro de arrogancia o altanería. Fue precisamente porque estaba vacía de sí misma que estaba llena de gracia.

María tenía pies hermosos.

El antiguo profeta hebreo Isaías proclamó:

¡Qué hermosos son sobre los montes
    los pies del mensajero que anuncia la paz,
que trae buenas nuevas,
    que anuncia salvación, que dice a Sión:
«Ya reina tu Dios»! (Isaías 52:7, *Biblia de Jerusalén*).

Esta joven hebrea, inmediatamente después de pronunciar

su *Fíat*, se apresuró a visitar a su pariente Elizabet, esposa de Zacarías (Lucas 1:39-40). Esta visita fue, de hecho, la conexión entre el *Fíat* y el *Magníficat*.

Elizabet también estaba milagrosamente encinta, tarde en su vida, llevando en su vientre al precursor de Cristo, San Juan el Bautista. Cuando Elizabet oyó el saludo de María, el niño saltó en su vientre, y Elizabet fue llena del Espíritu Santo. En voz alta exclamó: «¡Dios te ha bendecido más que a todas las mujeres, y ha bendecido a tu hijo! ¿Quién soy yo, para que venga a visitarme la madre de mi Señor? Pues tan pronto como oí tu saludo, mi hijo se estremeció de alegría en mi vientre. ¡Dichosa tú por haber creído que han de cumplirse las cosas que el Señor te ha dicho!» (Lucas 1:41-45).

Fue durante esta visita a Elizabet que María entonó su canto, al que se ha llamado el *Magníficat*. Fue mensajera del tipo que el gran profeta hebreo Isaías había hablado. Verdaderamente fue bendecida más que a todas las mujeres, y fue la primera evangelista cristiana. Sus pies hermosos estaban, como San Pablo escribió, «listos para salir a anunciar el mensaje de la paz» (Efesios 6:15).

María tenía brazos y manos hermosos.

El Creador del universo entero permitió que María sostuviera, acariciara y cuidara a su Hijo Unigénito. Qué bendecidos son los brazos de la madre que arrulló a Dios como niño impotente, lo llevó en su juventud, lo consoló en su adolescencia, y continuó sirviéndole en todos los años en Nazaret en donde Él «seguía creciendo en sabiduría y estatura, y gozaba del favor de Dios y de los hombres» (Lucas 2:52).

Con sus manos y brazos María abrazó y acarició a Dios; atendió a sus necesidades en su humanidad sagrada, le secó sus ojos y peinó sus cabellos. Con esos brazos y manos ella limpió la morada de la gloria que, en forma humana, había llenado el templo.

María tenía un corazón hermoso.

El corazón de María se partió. Vemos esto en la obra maestra de Miguel Ángel, llamada la Madre de Dolores, la *Píeta*. Esa elocuente estatua de mármol capta el indescriptible dolor de María que sostiene el cuerpo inmolado de Jesús, y llora. Una espada en verdad le había atravesado el corazón (Lucas 2:35).

María tenía una cara hermosa.

El maravilloso Dios a quien ella le había entregado toda su vida permitió que lo viera cara a cara; que contemplara su cara encarnada en el Hijo que ella dio a luz y cuidó, atendió y adoró. Las Escrituras hebreas nos dicen que cuando Dios le hablaba a Moisés, le hablaba «cara a cara, como quien habla con un amigo» (Éxodo 33:11). Aquel fue un suceso sin precedentes para los hebreos. Bajo el antiguo pacto ninguna persona podía ver a Dios y vivir. Cuando Moisés descendió de la montaña después de encontrarse con Dios, su faz irradiaba la gloria, y los que lo rodeaban tenían miedo de mirarlo (Éxodo 34:29-30).

María lo contemplaba diariamente. Cuando besaba su cara, la suya propia debe haber irradiado el amor que fluía de Jesús. San Pablo escribió a los cristianos de Corinto que la gloria de Dios se revelaba en la cara de Cristo (2 Corintios 4:6).

> NO IMPORTA QUE LA CONCIBAN COMO UNA DONCELLA JUDÍA, MEXICANA, ASIÁTICA O AFRICANA. SU BELLEZA TRASCIENDE Y TRANSFORMA TODA DEFINICIÓN CULTURAL DE BELLEZA, PORQUE REFLEJA LA MISMA BELLEZA DE DIOS

María estuvo viendo su cara continuamente, desde la carita del infante, en toda etapa de su vida humana, hasta que vio a aquella cara de amor ensangrentada y magullada exclamar: «Todo está cumplido» (Juan 19:30).

¿Extraña acaso que los cristianos en todas las edades siempre hayan pintado a María como una mujer hermosa? No importa que la conciban como una doncella judía, mexicana, asiática o africana. Su belleza trasciende y transforma toda definición cultural de belleza, porque refleja la misma belleza de Dios.

Al considerar la belleza de María, tenemos que verla con los ojos de la fe. Hace poco, reconociendo a regañadientes que no podía ver tan bien como solía ver, compré lentes para leer. Nunca olvidaré la experiencia de ponerme aquellos anteojos. De repente podía ver todas las letras impresas en el producto que tenía delante, y otro sinfín de detalles que no había notado antes. El mundo de veras se veía diferente.

Eso es lo que nos sucede a los que escogemos ver la realidad por los lentes de la fe. Una nueva visión amanece en nuestra vida como la luz de la mañana, e ilumina nuestras sendas. Cambia, aclara y amplia nuestros horizontes, y nos permite verlo todo desde una perspectiva fresca. Al aprender a ver la vida de María por los ojos de la fe, también nos es posible hospedar ángeles.

# CAPÍTULO TRES

# UN CAMINO DE GRACIA

*A los seis meses, Dios mandó al ángel Gabriel a un pueblo de Galilea llamado Nazaret, donde vivía una joven llamada María; era virgen, pero estaba comprometida para casarse con un hombre llamado José, descendiente del rey David. El ángel entró en el lugar donde ella estaba, y le dijo: —¡Salve, llena de gracia! El Señor está contigo (Lucas 1:26-28).*

La Biblia nos dice que María fue favorecida. Andaba en una relación profunda y permanente con Dios, y Él estaba con ella *antes* de que ella respondiera a su invitación. Debido a su predisposición a la gracia de Dios, Él escogió a María incluso antes de que María escogiera a Dios. El orden es de importancia vital para poder empezar a captar verdaderamente el significado más profundo de la vida espiritual.

A veces pensamos que hemos traído o permitido a Dios entrar en nuestra vida. Esto es evidente por la manera en que algunos grupos cristianos describen nuestro andar inicial con el Señor. Al enfatizar que necesitamos primero «invitar» al Señor a nuestra vida, el uso del lenguaje popular puede en realidad llevarnos a pensar que nosotros tomamos la iniciativa y por consiguiente controlamos la relación. La verdad es que nada puede estar más lejos de la verdad.

Jesús dijo esto bien claro en las palabras a sus discípulos: «Ustedes no me escogieron a mí, sino que yo los he escogido a ustedes» (Juan 15:16). Demasiado a menudo, en nuestras subculturas religiosas, en realidad comunicamos lo opuesto. Sea mediante un énfasis en una oración específica exigida como paso preliminar, o un concepto limitado de la naturaleza de la gracia, tal vez sin quererlo comunicamos la noción de que nuestras palabras o nuestras acciones en realidad traen a Dios a nuestra vida. Implicamos que Él es renuente para actuar o que depende de nuestra invitación.

Me crié en una tradición sacramental como católico romano. Mi familia practicó su fe hasta que una tragedia estremeció nuestros cimientos. Después seguimos siendo católicos romanos culturalmente pero no en la práctica. Esto sucedió cuando yo empezaba mis turbulentos años de adolescencia.

Algunos años más tarde, cuando volví a practicar mi fe, sentí que había regresado a mi hogar. Pensé que había «hallado» al Señor. En cierto sentido, era verdad. Sin embargo, yo iba a descubrir que Él nunca me había dejado. Fui yo quien se había alejado, aunque me llevó un tiempo entender lo que eso quería decir conforme su gracia se desdoblaba en mi vida diaria.

Fue en ese tiempo que descubri la oración que Agustín, uno de los grandes padres de la iglesia occidental, elevó después de su propio retorno a la fe. Él anotó esta oración en sus *Confesiones*.

> *Tarde te he amado, oh Belleza siempre antigua, siempre nueva, ¡tarde te he amado! Tú estabas dentro de mí, pero yo estaba fuera, y fue allí donde te busqué.*
>
> *En mi fealdad me hundí en las cosas hermosas que tú creaste. Tú estabas conmigo, pero yo no estaba contigo. Las cosas creadas me impedían estar contigo; sin embargo, si no hubieran estado en ti ni siquiera habrían existido. Tú llamaste, gritaste y te abriste paso en mi sordera. Centelleaste, brillaste y desvaneciste mi ceguera. Soplaste en mí tu fragancia; aspiré y ahora jadeo por ti. Te he probado, y ahora tengo hambre y sed de más. Me tocaste, y ardo por tu paz.*

Agustín de Hipona entendió, como María y otros incontables a través de los siglos, que es el Señor quien llega a nosotros en su amor. Es el Señor el que ofrece su gracia. Nosotros somos receptores de esa gracia, y nos llena de acuerdo a la capacidad que nos ha dado. El orden apropiado de iniciación y respuesta tiene pertinencia profunda para nosotros sí deseamos vivir la vida espiritual. Nuestro Dios ya está allí. Espera nuestra respuesta a su amor y gracia incansables, que están tanto en nosotros como a nuestro alrededor.

Podemos aprender más de la visita del ángel a María. Su experiencia con Gabriel ofrece lecciones importantes para nuestra vida diaria.

En primer lugar, la historia es específica en tiempo. El ángel vino en el sexto mes de embarazo de Elizabet. Los ángeles todavía vienen en momentos específicos que Dios escoge para intervenir en nuestra vida. Él está fuera del tiempo pero siempre a tiempo. No lleva reloj, ni toma notas, ni usa una computadora de bolsillo. Sin embargo, nunca llega ni temprano ni tarde.

> **LOS ÁNGELES TODAVÍA VIENEN EN MOMENTOS ESPECÍFICOS QUE DIOS ESCOGE PARA INTERVENIR EN NUESTRA VIDA. ÉL ESTÁ FUERA DEL TIEMPO PERO SIEMPRE A TIEMPO.**

Luego, los ángeles se aparecen a personas determinadas en las circunstancias reales de su vida diaria, en medio de sus relaciones humanas. El ángel llegó particularmente a «una joven llamada María; era virgen, pero estaba comprometida para casarse con un hombre llamado José». Mientras más crezco yo en la gracia, más puedo reconocer a los ángeles, o mensajeros, que el Señor envía a mi vida. Vienen trayendo su mensaje, hablando a mis circunstancias específicas en el momento específico de necesidad.

El saludo angélico dice mucho en cuanto a María, pero también respecto a nuestra invitación a una relación con Dios. El saludo de Gabriel fue específico. Se dirigió a María usando su nombre hebreo, con lo que implicaba que el Dios que había enviado al ángel conocía a María personalmente y tenía una relación personal con ella que precedía a la visitación. Lo mismo con cada uno de nosotros. Como el gran salmista hebreo David cantaba:

*Tú fuiste quien formó todo mi cuerpo; tú me formaste en el
vientre de mi madre.
Te alabo porque estoy maravillado, porque es maravilloso*

*lo que has hecho. ¡De ello estoy bien convencido! No te fue oculto el desarrollo de mi cuerpo mientras yo era formado en lo secreto, mientras era formado en lo más profundo de la tierra. Tus ojos vieron mi cuerpo en formación; todo eso estaba escrito en tu libro. Habías señalado los días de mi vida cuando aún no existía ninguno de ellos (Salmo 139).*

Como hemos visto, el ángel se refiere a María como «llena de gracia» o, en otras traducciones, «muy favorecida». Estas palabras forman también la introducción de una oración popular en la tradición de mi propia iglesia, y que he atesorado desde mi juventud: «Ave María, llena eres de gracia. El Señor es contigo». María en verdad fue favorecida y llena de gracia. El Señor del cielo y de la tierra la había preparado y escogido como terreno fértil en el cual plantar la semilla de su Palabra. Cuando respondemos a las palabras del Señor, también llegamos a ser llenos de gracia conforme Él se forma en nosotros.

> TAL VEZ LAS ESCRITURAS NOS DICEN TAN POCO EN CUANTO A MARÍA PORQUE ELLA ESTABA DESTINADA A SERVIR COMO ESPEJO, COMO REFLEJO, DE ALGUIEN MUCHO MÁS IMPORTANTE.

Los ángeles todavía visitan a los que entienden la gracia como el favor y bendición de Dios. Traen el mensaje de Dios a las personas que son humildes lo suficiente para abrirse a su acción dinámica, santificadora y transformadora. Tal vez las Escrituras nos dicen tan poco en cuanto a María porque ella estaba destinada a servir como espejo, como reflejo, de alguien mucho más importante. Fue la gracia de Dios la que la llenaba.

Dios da nueva vida a personas comunes que tienen ojos para ver, oídos para oír y un corazón puro que son receptivos a su invitación de amor. Ellos, como María, llegan a ser llenos de gracia mediante su encuentro con su Creador. El testimonio de María de Nazaret hizo maravillosamente sencillo un profundo misterio. Ella vivió una vida fructífera, caracterizada por un espíritu inocente como de niña. Como Jesús dijo: «Te alabo, Padre, Señor del cielo y de la tierra, porque has mostrado a los sencillos las cosas que escondiste de los sabios y entendidos» (Lucas 10:21). Sus palabras nos ayudan a entender que nosotros, también, debemos llegar a ser como niños.

A cada uno de nosotros se nos llama a llegar a ser llenos de gracia. El Señor desea estar con nosotros, vivir en nosotros en un mundo que tiene hambre de su amor; amor que podemos llevar en nosotros y se ofrece por medio nuestro. María nos mostró el camino. Ella oyó la promesa, creyó, fue llena de gracia y concibió al Señor que es amor encarnado. Nosotros podemos hacer algo similar si aprendemos a orar, escuchar, oír, responder y decir que sí. Al hacer así, nosotros, como María, descubriremos que nada es imposible para Dios.

¡Tal luz,
tan luminosos colores !
El recuerdo nubla mi vista
De nuestra calle polvosa,
Nuestra pobre aldea gris;
La alegría de todo eso me aprieta la garganta
En exquisito anhelo
Suspirando como un canto olvidado hace mucho.
Y aquella voz, como ninguna otra,
Incluso ahora habla a mi alma:
«Nada es imposible ...»
Incluso ahora la oigo
Y mi pecho crece y me duele
Conforme mi vientre crece
Y mi cuerpo tiembla con nueva vida.

Los ojos de la madre están oscuros por la preocupación,
La cara de José se contrae por el dolor.
Oh, Dios mío, ¿cómo se lo voy a decir?
¿Puedo encarar su incredulidad?

—LELA GILBERT.

CAPÍTULO CUATRO

# UN CAMINO DE LO IMPOSIBLE

*María preguntó al ángel:*

*—¿Cómo podrá suceder esto, si no vivo con ningún hombre?*

*El ángel le contestó:*

*—El Espíritu Santo vendrá sobre ti y el poder del Dios altísimo se posará sobre ti. Por eso, el niño que va a nacer será llamado Santo e Hijo de Dios. También tu parienta Isabel va a tener un hijo, a pesar de que es anciana; la que decían que no podía tener hijos, está encinta desde hace seis meses. Para Dios no hay nada imposible (Lucas 1:34-37).*

Cuando el Dios viviente visita a las personas, hace lo imposible enteramente posible. Con todo, nunca viola nuestra libertad humana. Espera que respondamos. Espera que creamos que nada es imposible para Él. Al creer así, llegamos a ser las personas que Él sabe que podemos ser. El Dios que es amor anhela nuestra respuesta de amor, sin embargo ha ordenado que el amor se dé libre y voluntariamente. El amor nunca coacciona, sino que más bien pide una respuesta voluntaria.

Qué poco práctica a menudo parece la vida espiritual a la mente contemporánea. El obispo Álvaro del Portillo ha escrito: «Los llamados "personas prácticas" en realidad no son los más útiles en el servicio de la iglesia de Cristo, ni tampoco los que meramente exponen teorías. Más bien son los verdaderos contemplativos los que mejor la sirven; los que tienen el deseo firmemente generoso y apasionado de transfigurar y divinizar toda la creación con Cristo y en Cristo. Puede sonar paradójico, pero en la iglesia de Jesucristo, el místico es la única persona práctica».

El *Fíat* de María nos invita a escuchar la voz de Dios. Cuando aprendemos a escuchar, empezamos a oír su llamado, su invitación de amor a una relación auténtica, continua, consumidora, transformadora e íntima con Él. El Dios que nos creó sabe lo que somos. Este Dios nos redimirá en su Hijo. Este Dios nos transformará por su Espíritu, pero sólo si escuchamos a su voz y le decimos que sí a su invitación.

María proveyó un ejemplo práctico de entrega a una relación con Dios. Tal concepto es una paradoja para la mente moderna, que insiste como insiste en tales nociones al parecer asimétricas. Rendirse a los caminos de Dios quiere decir perder nuestra vida para hallarla. Quiere decir entregarnos por amor a fin de descubrir quiénes realmente podemos llegar a ser. De toda la creación, sólo las personas pueden entregarse en amor como Jesucristo lo hizo. Lo hacemos al ejercer la parte de nosotros mismos que es hecha a imagen de Dios: nuestra capacidad de ser libres.

> **DE TODA LA CREACIÓN, SÓLO LAS PERSONAS PUEDEN ENTREGARSE EN AMOR COMO JESUCRISTO LO HIZO.**

El amor tiene que ser una decisión continuamente libre, una decisión que se toma diariamente, cada hora, momento tras momento.

El Evangelio de Juan nos dice: «Pues Dios amó tanto al mundo, que dio...» (Juan 3:16). ¿Qué fue lo que dio? Dio a su Hijo. Todavía da a su Hijo hoy mediante la familia que su Hijo atrae a sí mismo. En Génesis, en el relato del Edén, el pecado alejó de Dios a su primera familia terrenal en el árbol de la ciencia del bien y del mal. Dios nos atrae de regreso a sí mismo en el segundo árbol, el árbol de amor rendido, la cruz del Calvario. Allí presenciamos el más grande acto de amor rendido, la completa entrega del amor mismo, al ofrecerse por la raza humana entera.

El mismo Dios que le habló a María nos ofrece a cada uno la invitación a una relación. Él puede lograr en nosotros y por medio nuestro lo que pudiéramos concebir como imposible, o, como San Pablo escribió en Efesios 3:20: «muchísimo más de lo que nosotros pedimos o pensamos». De hecho, promete que lo imposible será posible para los que creen. Él nunca miente. Él promete esto no sólo por amor a nosotros, sino por amor al mundo. Él todavía ama tanto al mundo que continúa enviando a su Hijo, por medio de usted y de mí, en su misión como Redentor.

El amor rendido es la misma esencia de la fe y, ciertamente, de la vida misma. Puede parecer impráctico en nuestra vida mundana pensar en vivir por fe y no por vista. Puede parecer impráctico escuchar la voz de Dios internamente. Pero Él quiere transformar nuestra vida de mundana a milagrosa.

El Dios que es amor quiere que recibamos, que aprendamos y que vivamos en su amor. Continúa revelando sus implicaciones más hondas en la vida de personas muy reales que son verdaderamente espirituales. Ellas hacen que el cielo toque a la tierra como Jesús lo hizo. Cuando el cielo toca la tierra, cosas maravillosas suceden a nuestro alrededor. Todavía hoy, la historia de María demuestra total receptividad a la invitación de amor de Dios, una receptividad que resultó en que ella llegó a ser el primer tabernáculo vivo del amor encarnado, Jesucristo. Mediante el nacimiento virginal del unigénito Hijo de Dios, María nos demostró que con Dios, no existe el imposible.

# CAPÍTULO CINCO

# UN CAMINO DE AMOR

Ustedes deben ambicionar los mejores dones. Yo voy a enseñarles un camino mucho mejor. Si hablo las lenguas de los hombres y aun de los ángeles, pero no tengo amor, no soy más que un metal que resuena o un platillo que hace ruido. Y si tengo el don de profecía, y entiendo todos los designios secretos de Dios, y sé todas las cosas, y si tengo la fe necesaria para mover montañas, pero no tengo amor, no soy nada. Y si reparto entre los pobres todo lo que poseo, y aun si entrego mi propio cuerpo para tener de qué enorgullecerme, pero no tengo amor, de nada me sirve. Tener amor es saber soportar; es ser bondadoso; es no tener envidia, ni ser presumido, ni orgulloso, ni grosero, ni egoísta; es no enojarse ni guardar rencor; es no alegrarse de las injusticias, sino de la verdad. Tener amor es sufrirlo todo, creerlo todo, esperarlo todo, soportarlo todo. El amor jamás dejará de existir. Un día el don de profecía terminará, y ya no se hablará en lenguas, ni serán necesarios los conocimientos. Porque los conocimientos y la profecía son cosas imperfectas, que llegarán a su fin cuando venga lo que es perfecto. Cuando yo era niño, hablaba, pensaba y razonaba como un niño; pero al hacerme hombre, dejé atrás lo que era propio de un niño. Ahora vemos de manera indirecta, como en un espejo, y borrosamente; pero un día veremos cara a cara. Mi conocimiento es ahora imperfecto, pero un día conoceré a Dios como él me ha conocido siempre a mí. Tres cosas hay que son permanentes: la fe, la esperanza y el amor; pero la más importante de las tres es el amor (1 Corintios 12:31—13:13).

Cuando San Pablo escribió estas palabras los jóvenes cristianos corintios se sentían muy pagados de sí mismos. Se sentían orgullosos y disfrutando de las manifestaciones de los dones espirituales en su medio. Comparando su actitud con los tiempos contemporáneos, realmente *no hay nada nuevo debajo del sol* (Eclesiastés 1:9). Nuestras comunidades religiosas actuales necesitan releer las palabras de Pablo. De hecho, necesitamos entenderlas todos los que andamos en el camino del amor como María lo hizo. Si deseamos ser más que «metal que resuena o un platillo que hace ruido», necesitamos llegar a conocer a Jesús, que es el amor personificado. Tenemos que ser como Él, que en su propia bondad creó todo el universo.

San Pablo les recuerda a los cristianos de Galacia que nuestro Dios amante se encarnó, tomó carne humana y vivió entre nosotros: «Pero cuando se cumplió el tiempo, Dios envió a su Hijo, que nació de una mujer, sometido a la ley de Moisés, para rescatarnos a los que estábamos bajo esa ley y concedernos gozar de los derechos de hijos de Dios. Y porque ya somos sus hijos, Dios mandó el Espíritu de su Hijo a nuestros corazones; y el Espíritu clama: "¡Abbá! ¡Padre!" Así pues, tú ya no eres esclavo, sino hijo de Dios; y por ser hijo suyo, es voluntad de Dios que seas también su heredero» (Gálatas 4:4-7).

El Hijo de Dios tiene a sus propios hijos e hijas en el abrazo de la gracia. En medio de ese abrazo, se comunica a scon nosotros en todo momento. La manera más segura de experimentar esa relación íntima con Él es aprender a orar. Pero ¿cómo? Interesantemente, lo primero que tenemos que hacer es dejar de hablar. El silencio es en realidad el principio de la oración real. Hemos visto lo esencial que es escuchar para la formación espiritual. Vemos esto claramente en María, que fue una mujer de pocas palabras, una mujer de la Palabra, una mujer que sabía cómo escuchar.

Una mística contemporánea, la madre Teresa de Calcuta, lo dice de esta manera:

> Dios es el amigo del silencio ... en ese silencio nos escucha; allí le habla a nuestra alma, y allí escucharemos su voz. El fruto del silencio es la fe. El fruto de la fe es oración, el fruto de la oración es amor, el fruto del amor el servicio y el fruto del servicio es silencio. En el silencio del corazón Dios habla. Si usted encuentra a Dios en oración y silencio, Dios le hablará. Entonces sabrá que usted no es nada. Es cuando usted se da cuenta de que no es nada, de su vacío, que Dios puede llenarlo consigo mismo. El silencio nos da una nueva manera de mirarlo todo. Necesitamos ese silencio a fin de tocar almas. Dios es el amigo del silencio. Su lenguaje es silencio: «Quédense quietos, reconozcan que yo soy Dios» (Salmos 46:10, NVI).

Soy un clérigo católico. Me encanta el servicio altamente litúrgico de mi iglesia en toda su grandeza, señales y simbolismo. En mi vida la gracia me ha tocado en varias experiencias renovadoras. Me siento como en casa en muchas diferentes clases de expresiones de oración personales y de grupo. Estas expresiones van desde el entusiasmo del culto evangélico, pentecostal y carismático, a las hondas y profundas expresiones de piedad de mi propia tradición cristiana y otras, incluyendo la belleza del cristianismo ortodoxo.

Sin embargo, cada vez me voy cansando más de la comprensión limitada y, en algunas instancias, el parloteo arrogante que acompaña algunas tradiciones contemporáneas. Debemos echar una segunda mirada a las presentaciones de oración, adoración y expresión cristiana que se modela en nuestras iglesias o se presentan en los medios de comunicación. ¿Qué dicen ellas a los que están seriamente tratando de conocer a Dios?

Con demasiada frecuencia, cuando me pongo a cambiar canales en el televisor, tropiezo con algunas variaciones de la fe cristiana que se muestran por televisión. Debo confesar que experimento un cierto desaliento y a veces algo de ira. La televisión ofrece una extraña subcultura cristiana, cuyos embajadores cotorrean en un vocabulario que pocos fuera de su círculo pequeño y cerrado jamás podrán entender. A veces discierno un sentido de superioridad detrás del poder que aducen tener. A veces me pregunto si tienen miedo de dejar de hablar. Tengo que preguntarme: ¿es así como Jesús habló y actuó?

> DEBEMOS ECHAR UNA SEGUNDA MIRADA A LAS PRESENTACIONES DE ORACIÓN, ADORACIÓN, Y EXPRESIÓN CRISTIANA QUE SE MODELA EN NUESTRAS IGLESIAS O SE PRESENTAN EN LOS MEDIOS DE COMUNICACIÓN. ¿QUÉ DICEN ELLAS A LOS QUE ESTÁN SERIAMENTE TRATANDO DE CONOCER A DIOS?

¿Puede usted imaginarse lo que era acompañar al Hijo de Dios cuando sus pies sagrados caminaban por los caminos de Galilea? Los relatos bíblicos nos dicen que la gente anhelaba estar con Él; se aglomeraban para estar con Él, anhelando simplemente tocar el borde de su vestido. Los relatos están lleno de personas que trepan árboles, dejan redes y relaciones significativas, corren lo más rápido que pueden para estar con Él, esperando captar un vislumbre de Él. La humanidad sagrada de Jesús atraía a personas ordinarias de la tierra como una frazada caliente en una noche fría.

Hoy hay incontables personas verdaderamente buscando el gran tesoro de una relación con Dios. No lo hallarán en las ruidosas subculturas que aducen ser la plena representación del cristianismo. No lo hallarán en todos los gritos y exigencias. La voz del amor no se halla en la bravuconería, sino en el quebrantamiento. El alarde humano es simplemente una máscara, destinada a ocultar nuestros temores más hondos. Pero en lugar de esconder esos temores, se nos invita a clavarlos, uno por uno, en el árbol del Calvario. En la cruz podemos recibir, a cambio de nuestros temores, el amor de Dios.

Solo en el Gólgota pueden los hombres y las mujeres hallar la verdadera belleza de Dios —un Dios que entiende y se vacía por nosotros en un amor crucificado. Es este Dios, que extiende sus manos heridas para abrazar a un mundo que lo ha rechazado, que quiere tener una relación de anir con la humanidad. Ese es el Dios que María amaba.

Un monje cristiano del siglo IX, San Teodoro Estudita escribió una vez:

> ¡Qué precioso el don de la cruz! ¡Qué espléndido contemplarlo! En la cruz no hay mezcla de bien y de mal, como en el árbol del paraíso: es totalmente hermoso contemplarlo y bueno saborearlo. El fruto de este árbol no es muerte sino vida, no es oscuridad sino luz. Este árbol no nos echa fuera del paraíso sino que abre el camino para nuestro regreso.
>
> Éste fue el árbol en el que Cristo, como rey en su carro, destruyó al diablo, señor de la muerte, y libertó de su tiranía a la raza humana. Este fue el árbol en el que el Señor, como guerrero valiente, con manos, pies y costado heridos, sanó las heridas del pecado que la serpiente perversa había infligido en nuestra naturaleza. Un árbol un día causó nuestra muerte,

pero ahora un árbol da vida. Una vez engañados por
un árbol, ahora repelemos por un árbol a la astuta serpiente. ¡Qué transformación más asombrosa! ¡Esa
muerte debía convertirse en vida, esa corrupción debía convertirse en inmortalidad, y esa vergüenza debía convertirse en gloria!

Todo recorrido humano sigue una senda entre los dos árboles. Todos enfrentamos incontables decisiones. La forma en que
respondemos a esas alternativas determina si lo llegaremos a ser y
ante cuál árbol adoramos. Lo que la teología judía y cristiana llama *pecado* es, en su raíz, un mal uso de la libertad de escoger. Cuando pecamos, tomamos la decisión errada. Si hemos pecado, no
hemos escogido el amor. Sólo la gracia puede ayudarnos a hallar la
senda a la redención, el camino del amor.

En silencio al pie de la cruz, María observaba. No gritó, ni
lanzó alaridos, ni atrajo la atención a sí misma. Tal vez esto fue
porque no tenía miedo. El amado discípulo Juan estaba allí con
ella. Él más tarde escribió en su primera carta: «Donde hay amor
no hay miedo. Al contrario, el amor perfecto echa fuera el miedo,
pues el miedo supone el castigo. Por eso, si alguien tiene miedo,
es que no ha llegado a amar perfectamente» (1 Juan 4:18-19).

María había experimentado el amor abrumador y anonadan-
te de Dios unos treinta y tres años antes. Con su corazón partido,
atravesado por una espada, sin embargo dijo que sí una vez más en
la cruz. Mediante su *Fiat* vitalicio, y por su presencia al pie de ese
árbol, ella nos demostró cómo superar el más grande obstáculo en
nuestra vida espiritual: el temor. María fue llamada al valor al
principio de su recorrido, cuando el ángel Gabriel le dijo las palabras: «No temas». Incluso allí ella nos muestra cómo superar el
temor mediante el amor perfecto de su Hijo. Ese amor supera
multitud de pecados.

El temor al fracaso impide que estemos dispuestos a arriesgarnos por otros.

El temor a la desilusión nos impide extendernos para alcanzar a otros.

El temor a la muerte está en la raíz de nuestra incapacidad de lidiar con el sufrimiento de otros.

Jesús consideró todos nuestros temores cuando le habló a Jairo, un dirigente de la sinagoga cuya hija se estaba muriendo. «No tengas miedo», le dijo Jesús, «simplemente cree» (Marcos 5:36). Hoy necesitamos escuchar esas mismas palabras. Necesitamos oírlas.

> EL TEMOR A LA MUERTE ESTÁ EN LA RAÍZ DE NUESTRA INCAPACIDAD DE LIDIAR CON EL SUFRIMIENTO DE OTROS.

Incluso María, que halló el valor para estar al pie de la cruz, conocía el temor. Tiempo atrás había aprendido a superarlo por fe. El relato bíblico dice de ella: «María se sorprendió de estas palabras, y se preguntaba qué significaría aquel saludo. El ángel le dijo:

—María, no tengas miedo, pues tú gozas del favor de Dios» (Lucas 1:29-30).

La contemplación de la vida de María nos ayuda a revelar las fuentes de nuestros temores. Su humildad y su obediencia, incluso frente a profecías perturbadoras y amenazas terribles, nos ayuda a desenmascarar al temor, escondido muy dentro de nosotros mismos. El sufrimiento, el fracaso, la lucha y la pérdida no están ausentes de la vida de los cristianos. Pero, como María, podemos avanzar más allá de nuestros temores y escoger el amor. Al hacerlo así podemos aprender a amar más profunda y genuinamente de lo que antes habíamos amado.

# UNA MANERA
# DE DAR

*La historia no es simplemente una progresión fija hacia lo mejor, sino más bien un suceso de libertad. Específicamente, es una lucha entre libertades en conflicto: un conflicto entre dos amores: el amor de Dios al punto de negarse a sí mismo y el amor a uno mismo al punto de desdeñar a Dios* (Juan Pablo II, Christian Family in the Modern World, *n. 6*).

Los textos bíblicos dicen muy poco en cuanto a María, y pienso que a ella le debe haber gustado que fuera de esa manera. Más bien, todo lo que sabemos de su vida apunta a su amado Hijo y Salvador. Ella no dijo mucho, pero dijo una palabra que cambió toda la historia humana. Dijo que *sí*. La palabra procedió del corazón puro de una mujer sencilla que podía con igual facilidad haber dicho que *no*. Más bien se dio a sí misma. Completamente se entregó al Dios que primeramente se había dado a ella.

La senda de escoger a Dios es participar en su amor de vaciamiento propio. Cuando asentimos a su invitación, nuestra historia personal cambia para siempre, y somos hechos nuevos. Cuando nos entregamos a Dios, y libremente le ofrecemos lo que Él antes nos ha ofrecido, descubrimos el significado más profundo que podemos descubrir en la vida, nuestro propósito según se halla en Él. Empezamos verdaderamente a vivir porque verdaderamente empezamos a amar.

El vaciarnos nosotros mismos en obediencia a Dios permite que Cristo se encarne, que venga a nosotros y viva a través de cada uno de nosotros. Como María, le hacemos lugar a Dios. Dios respeta su imagen en nosotros, la *imago deo*, que está arraigada y es evidente en nuestra capacidad de escogerlo libremente. Escoger entregarnos en amor a Dios es la misma esencia, propósito y significado de la existencia humana. Decirle que sí a Dios es la senda a la verdadera paz, que, en el sentido bíblico, es cuestión de relaciones correctas. Entregarnos a Dios abre la puerta a una relación correcta con Él, de uno a otro, y con el universo entero que Él ha creado. Entregarnos a Dios no es un suceso una vez por todas. Más bien, es una manera de vivir y una manera de amar.

Esta es la paradoja: al perder nuestra vida en realidad la hallamos en Él, y Él es su fuente. De hecho, nadie entiende mejor que Dios quiénes somos y lo que somos. El autor de la carta a los Hebreos, del Nuevo Testamento, escribió: «Pues nuestro Sumo Sacerdote puede compadecerse de nuestra debilidad, porque él también estuvo sometido a las mismas pruebas que nosotros; solo que él jamás pecó» (Hebreos 4:15).

El Verbo Eterno, coexistente con el Padre y el Espíritu, en la perfecta unidad que es el amor trinitario, se hizo un hombre real, en el tiempo real, en la historia real. Contra toda probabilidad, empezó su vida terrenal dentro del vientre de una virgen judía adolescente. Incluso antes de su nacimiento en Belén, Jesús santificó a todas las madres al morar dentro del primer templo, la nueva arca del nuevo pacto, el vientre de su madre amada que Él mismo escogió. Este hecho no es incidental. Dios no escogió a María como receptáculo. La escogió como madre. ¿Es acaso sorpresa que ha dado lugar a dos milenios de reflexiones teológicas, poéticas y artísticas? Pero es, en verdad, mucho más. El Padre hizo posible que nosotros permitamos que su Hijo naciera en nosotros también, para que nosotros, también, podamos darlo al mundo.

> ENTREGARNOS A DIOS NO ES UN SUCESO UNA VEZ POR TODAS. MÁS BIEN, ES UNA MANERA DE VIVIR Y UNA MANERA DE AMAR.

Nuestra decisión no sólo afecta al mundo que nos rodea, sino que literalmente nos cambia para bien o para mal. Gregorio de Niza, un padre cristiano de la antigüedad escribió: «Ahora bien, la vida humana siempre está sujeta a cambio: necesitan nacer de nuevo ... pero aquí el nacimiento no surge por intervención foránea, como es el caso del principio corporal, sino que es el resultado de una decisión libre. Así somos de cierta manera nuestros propios padres, creándonos nosotros mismos como lo hacemos, por nuestras decisiones» (San Gregorio de Niza, *De vita Moysis*, II, 2-3; citado en *Veritatis splendor*, no. 71).

Cuando escogemos entregarnos a Dios, llevar a Cristo en nosotros, estamos escogiendo participar en una vida de oración y adoración. Un amigo mío, fray Michael Scanlan, cuya oración persistente y vida heroica contribuyó a renovar toda una universidad, solía decirme: «Vives según oras, y oras según vives». Tenía razón.

Podemos aprender cómo entregarnos al reflexionar en María. La vida cristiana en realidad no es cuestión que aumentemos nosotros. Es más, no es cuestión de *nosotros* por ningún lado. El sí de María nos enseña a menguar, a ser pequeños, a ocultarnos, para que el Dios de amor pueda verdaderamente manifestarse en nosotros y por medio nuestro por amor de otros. El ejemplo de María demuestra una manera de vaciarnos de nosotros mismos para que podamos ser llenos de la misma vida y presencia de Dios.

Vivimos en una época intoxicada con la facultad de escoger. Sin embargo, hay asuntos más profundos que enfrentar que sí *podemos* escoger o no. Más importantes son las decisiones que tomamos, y al tomarlas, ¿qué clase de personas escogemos llegar a ser? ¿Estamos aprendiendo a entregarnos de modo que podamos recibir todo lo que Dios tiene para nosotros? María cedió un lugar predecible y aceptable en la sociedad de su pequeña ciudad para llevar al Hijo de Dios al mundo. Le costó caro, pero ella ganó el cielo en el proceso.

> HAY ASUNTOS MÁS PROFUNDOS QUE ENFRENTAR QUE SI PODEMOS ESCOGER O NO. MÁS IMPORTANTES SON LAS DECISIONES QUE TOMAMOS, Y AL TOMARLAS, ¿QUÉ CLASE DE PERSONAS ESCOGEMOS LLEGAR A SER?

El *Fíat* de María no fue un evento singular. Siguió sucediéndose en un cántico vitalicio, una canción, una oración, un camino y una vida que se nos invita a emular y hacerla propia. Después del sí de María, el relato bíblico revela que ella prorrumpió en un canto. Ese canto es el *Magníficat*, que es una palabra latina que quiere decir *magnificar* o *exaltar*. El himno de alabanza de María responde al gran don de amor llegó a ser suyo como resultado de su *Fíat*. Ella llegó a ser la primera portadora de Cristo, porque la misma vida de Dios entró a vivir en ella. Ella le escogió todos los días, cada minuto, y al hacerlo así, le reveló a otros. Lo mismo debemos hacer nosotros.

En las páginas que siguen escucharemos al canto que María entonó en casa de su prima Elizabet. Trataremos de entender el significado interior de sus versos, la pura belleza de su melodía. Con la ayuda de Dios, aprenderemos a entonar el canto de María, y su manera de dar puede llegar a ser nuestra manera, también.

Me despertó,
Sin nacer y en silencio,
Con todo me despertó a una sinfonía de grillos,
A un cielo salpicado de estrellas
A la cálida brisa nocturna:
Sus grillos, sus estrellas, su viento.
Y la mano que los hizo
Se agitó dentro de mí como saludo de una amiga.
¿Qué sintió Él? ¿Qué sabe Él?
¿Me conoce?
¿Sabe ya mi nombre?

—LELA GILBERT

SEGUNDA PARTE

# El *Magnificat*

Mi alma alaba la grandeza del Señor;
mi espíritu se alegra en Dios mi Salvador.
Porque Dios ha puesto sus ojos en mí,
su humilde esclava,
y desde ahora siempre me llamarán dichosa;
porque el Todopoderoso ha hecho en mí
grandes cosas.
¡Santo es su nombre!
Dios tiene siempre misericordia
de quienes lo reverencian.
Actuó con todo su poder:
deshizo los planes de los orgullosos,
derribó a los reyes de sus tronos
y puso en alto a los humildes.
Llenó de bienes a los hambrientos
y despidió a los ricos con las manos vacías.
Ayudó al pueblo de Israel, su siervo,
y no se olvidó de tratarlo con
misericordia.
Así lo había prometido a nuestros
antepasados,
a Abraham y a sus futuros descendientes
(Lucas 1:46-55).

# Capítulo siete

# Cómo mantener un corazón indiviso

*Mi alma alaba la grandeza del Señor; mi espíritu se alegra en Dios mi Salvador (Lucas 1:46-47).*

*Oh Señor, enséñame tu camino,*
  *para que yo lo siga fielmente.*
    *Haz que mi corazón honre tu nombre.*
*Mi Señor y Dios, te alabaré con todo el corazón*
    *y glorificaré siempre tu nombre.*
*¡Inmenso es tu amor por mí! (Salmo 86:11-13).*

El canto de María, el *Magníficat*, es profundamente personal. «Mi alma alaba», proclama ella junto con «mi espíritu se alegra». Es difícil para muchos de nosotros, particularmente de occidente, comprender el significado de esta aclamación. María nos enseña cómo tener una relación profunda, plena y completamente integrada con Dios. Joven como era, sencilla como debe haber sido su trasfondo, María tenía un sentido de sí misma. Sabía quién era, y debido a eso, pudo escoger voluntariamente entregarse a Dios en una vida de amor rendido. María tenía un corazón indiviso.

En la tradición cristiana clásica, sólo los seres humanos pueden conocer y amar a su Creador. Sólo hombres y mujeres son llamados a participar, por conocimiento y amor, en la propia vida de Dios. Para este fin fuimos creados, y ésta es la razón fundamental de nuestra dignidad humana. La propia dignidad de María se reveló en su decisión totalmente libre de amar a Dios con todo su cuerpo, alma y espíritu; con todo su ser.

La gran *Shemá* de Israel se registra en el libro de Deuteronomio: «Oye, Israel: El Señor nuestro Dios es el único Señor. Ama al Señor tu Dios con todo tu corazón, con toda tu alma y con todas tus fuerzas» (Deuteronomio 6:4-5). Es un llamado a entregarle todo a Dios sin reservas. Como hija del antiguo pacto, María comprendió la *Shemá* y se dedicó a amar al Señor con todo su ser. Nos mostró cómo hacer lo mismo.

María ejerció la libertad humana que da Dios al escoger responder a la invitación del Creador que la formó para sí mismo. Demostró la libertad de elección que tenemos para obedecer al

Dios que nos amó y nos llama a ser suyos. Hay una naturaleza reflexiva en nuestra capacidad de escoger a Dios. Vale la pena repetir: al escoger no sólo afectamos el mundo que nos rodea, sino que también nosotros mismos cambiamos.

Vivimos en una edad que vocifera por el derecho de escoger. Los conceptos errados de que escoger es ejercer poder bruto sobre otros, o el llamado derecho de hacer lo que se nos antoje, son demasiados comunes en una sociedad moderna que ha perdido su conexión con Dios. Esto no es nuevo en el mundo. El relato de Edén habla del ejercicio errado de la libertad, de una mala decisión que se tomó en el árbol del conocimiento del bien y el mal en el huerto. Al principio de la historia humana, Dios nos invitó a una comunión de amor. Tristemente, escogimos más bien un concepto falsificado de la libertad como derecho de hacer lo que nos dé la gana. Al hacerlo así, el pecado entró en el mundo.

> VALE LA PENA REPETIR: AL ESCOGER NO SÓLO AFECTAMOS EL MUNDO QUE NOS RODEA, SINO QUE TAMBIÉN NOSOTROS MISMOS CAMBIAMOS.

Los cristianos proclaman que el amor de Dios se hizo una Persona y tomó la decisión suprema en el segundo árbol: la cruz del Calvario. Allí Jesucristo murió para que nosotros podamos vivir. Al entregar voluntariamente su vida, Jesús nos libertó del poder del pecado y de la muerte. Los primeros padres de la iglesia se referían a María como la segunda Eva, porque su amor y obediencia abrieron una puerta para la nueva creación, lograda mediante la vida, muerte y resurrección de su Hijo y Salvador, Jesucristo.

En el año 190 d.C., Ireneo escribió: «Se halla que la virgen María fue obediente, y dijo: "Mira, Señor, soy tu esclava; hágase conmigo conforme a tu palabra". Eva, sin embargo, fue desobediente; y cuando era todavía virgen, no obedeció ... y habiéndose hecho desobediente, fue hecha la causa de la muerte para sí misma y para toda la raza humana; así también María, comprometida en matrimonio con un hombre pero sin embargo todavía virgen, siendo obediente, fue hecha la causa de salvación para ella misma y para toda la raza humana. ... Así, el nudo de la desobediencia de Eva lo desató la obediencia de María. Lo que la virgen Eva había atado en incredulidad, la virgen María lo desató por fe» (San Ireneo, *Contra herejías*).

María escogió a Dios, y lo escogió con todo su ser. Esto es lo que quiere decir «mi alma alaba», y «mi espíritu se alegra». Así es como debemos todos escoger a Dios. Seguir al Señor incluye una reorientación radical de toda nuestra vida. La fe no es un sobretodo que nos ponemos al ir a un templo y nos quitamos cuando salimos a la plaza pública. Escoger a Dios exige que tomemos la decisión tal como María la tomó: con toda su persona.

> LA FE NO ES UN SOBRETODO QUE NOS PONEMOS AL IR A UN TEMPLO Y NOS QUITAMOS CUANDO SALIMOS A LA PLAZA PÚBLICA. ESCOGER A DIOS EXIGE QUE TOMEMOS LA DECISIÓN TAL COMO MARÍA LA TOMÓ: CON TODA SU PERSONA.

Con todo, en nuestra cosmovisión postcartesiana occidental, influenciada cómo ha sido por la división entre lo espiritual y lo físico de la vida humana, tal vez no entendamos completamente la antropología de María. A decir verdad, ella vivió una vida enraizada en una noción intuitiva de la persona humana. Esto no debe sorprendernos. Ella, después de todo, era judía e hija de Abraham.

Cuando María habla de su alma y espíritu se refiere a su esencia, a la médula de su ser. Es lo que los filósofos llaman su «ontología». La palabra hebrea que a menudo se traduce «alma», es *nefesh*, y revela el concepto judío de la persona humana. Esta *nefesh*, esta alma, inundaba todo el ser de María. Fluía por su sangre y no podía ser separada de su cuerpo. Fue con esta alma que María magnificó al Señor.

Cuando amamos al Señor nuestro Dios con toda nuestra mente, le entregamos nuestros pensamientos, nuestras creencias, nuestra consciencia, los lugares en donde tomamos decisiones con la voluntad. Reconocemos que nuestra capacidad de pensar, de preguntar, de razonar y de analizar no es una amenaza a la fe si no el medio mismo de alcanzar una fe seria, sostenida y transformadora.

Cuando amamos al Señor nuestro Dios con toda nuestra fuerza, ponemos nuestros cuerpos en el plano para el que fuimos formados. La fe cristiana proclama que vamos a tener cuerpos resucitados en la vida venidera. Muchos en nuestra generación parecen haber perdido todo respeto por la dignidad humana, por un concepto santo y saludable de la sexualidad humana, y el respeto y dignidad apropiados del cuerpo humano. Nuestros cuerpos expresan no sólo lo que somos y quién es Dios, sino que también son los vehículos por los que expresamos el lenguaje del amor. Esta es una de las razones por la que los cristianos escogen ayunar, alzan sus manos en la adoración, se persignan, se arrodillan, se postran en oración. Están llevando sus cuerpos a una participación plena en la adoración al Creador.

Cuando amamos al Señor nuestro Dios con todo nuestro corazón, le ofrecemos nuestras emociones y aprendemos a amar plenamente como personas humanas redimidas por Cristo. Nuestras emociones deben reflejar lo que estamos llegando a ser conforme la obra de la redención sigue obrando en nosotros, en lugar de servir como una brújula desviada que nos aleja de Dios y de sus mejores planes para nuestra vida.

La plena integración de la naturaleza de María es a la vez humana y santa. No es víctima de los dos enfoques que son tan evidentes en las espiritualidades contemporáneas: bien sea subestimar o enfatizar demasiado los asuntos físicos, intelectuales o emocionales. El corazón indiviso integra estos extremos al hacer que todo nuestro ser participe como un don de Dios que se le debe devolver a Él. En una vida integrada, la mente, el cuerpo, el alma y el espíritu están conectados a la raíz de nuestra libertad, nuestra facultad de escoger. Cada dimensión de la vida humana es un don y un siervo, no un amo para dominarnos, ni una distracción que debamos evadir.

Como resultado de su corazón indiviso, María «magnificó» a Dios, concepto que capta el camino de María. Todos hemos usado lentes de aumento. Aumenta la experiencia, el tamaño, y la percepción de lo que amplían. Lo mismo María. Escogió reducirse a sí misma para que, al hacerlo así, otros puedan ver más bien al Salvador a quien ella amaba. La imagen de Dios, estampada en su alma, quedó escrita indeleblemente.

> MARÍA ESCOGIÓ REDUCIRSE A SÍ MISMA PARA QUE, AL HACERLO ASÍ, OTROS PUEDAN VER MÁS BIEN AL SALVADOR A QUIEN ELLA AMABA. LA IMAGEN DE DIOS, ESTAMPADA EN SU ALMA, QUEDÓ ESCRITA CON LETRAS RESALTANTES.

En Jesús Dios nos ha tocado a todos, empezando un proceso de transformación y de restauración. Dios nos ha llamado a ser hombres y mujeres integrados que, como María, escogen amarle y magnificarle en la tierra. Esta acción de Dios en nuestra vida, al transformarnos en amor, es el todo de la redención. Es como personas cuerpo —cuerpo, alma y espíritu— que estamos siendo salvados. Es con cuerpos resucitados, no como fantasmas incorpóreos, que participaremos plenamente en el nuevo cielo y la nueva tierra (Apocalipsis 21). Pasaremos toda la eternidad en comunión plena con el Dios que es Padre, Hijo y Espíritu; la Santa Trinidad de personas, morando en perfecta unidad de amor.

# CAPÍTULO OCHO

# CÓMO HACER UNA AUTOEVALUACIÓN SINCERA

*Porque Dios ha puesto sus ojos en mí, su humilde esclava (Lucas 1:48).*

Sin un corazón indiviso no podemos escoger libremente el camino de Dios. Sin humildad no podemos vivir una vida espiritual auténtica.

María demostró la virtud de la humildad, que es el cimiento de la verdadera libertad humana. La humildad impide que nos dejemos esclavizar por nuestros egos y sus constantes demandas. Sirve como antídoto para la arrogancia y la desesperanza resultante de nuestra edad presente. Una autoevaluación sincera puede guiarnos a una relación auténtica con el Dios viviente, que es el único que puede llenar el vacío de nuestra alma. Como San Agustín decía en su famosa oración: «Nos has hecho para ti mismo, oh Señor, y nuestros corazones no descansan sino cuando descansan en ti» (*Confesiones*).

El desarrollo de una autoevaluación sincera es uno de los muchos péndulos que han oscilado de lado a lado en la historia de la espiritualidad cristiana. Por siglos no fue la arrogancia lo que paralizó a algunos cristianos y los infectó con expresiones de piedad mal dirigidas. Más bien, los conceptos equivocados de la humanidad influyeron en los malentendidos del mensaje cristiano. En un esfuerzo por reconocer el poder paralizador del pecado, algunos cristianos abrazaron algunos conceptos extremos de la depravación humana.

Estas nociones eran contrarias a una comprensión saludable de la persona humana, y de la naturaleza de la creación, gracia y redención divinas, que es una recreación en Jesucristo. Tales nociones distorsionadas pueden hacer que las personas espiritualmente sensibles se detesten a sí mismas, en lugar de ayudarles a responder al llamado de Cristo a negarse apropiadamente a sí mismas. Una noción de la depravación humana total no alcanza a captar la plena belleza de la imagen de Dios presente en toda persona. Esa imagen de Dios (en latín clásico, la *imago Deo*) sigue en cada uno de nosotros, aunque estemos heridos, en acomodos o arruinados por el pecado.

Tal noción equivocada de lo que significa ser humilde todavía tiene sus adherentes y todavía necesita que se considere. En estos días, sin embargo, otro extremo del péndulo la ha reemplazado. La sociedad de hoy participa en una forma de adoración propia que bien se podía identificar como idolatría. Esto es evidente a todas luces, incluso en la comunidad cristiana.

> UNA NOCIÓN DE LA DEPRAVACIÓN HUMANA TOTAL NO ALCANZA A CAPTAR LA PLENA BELLEZA DE LA IMAGEN DE DIOS PRESENTE EN TODA PERSONA.

Para mí es imposible imaginarme a Jesús, si estuviera visiblemente presente en el mundo de hoy, presentándose, hablando, o actuando como algunos de los personajes más estrafalarios de los medios de comunicación de ciertos segmentos de la comunidad cristiana. ¿Caminaría Él pomposamente en plataformas de iglesias, gritaría algún eslogan, nos diría dónde podemos hallar dinero de milagro, o arrogantemente se burlaría de otros? ¿Nos arengaría a «autorrealizarnos», o a que exhibamos un Mercedes Benz?

En Marcos 10 leemos de la conversación entre Jacobo y Juan, hijos de Zebedeo, y Jesús. «Maestro», dijeron, «queremos que nos concedas el favor que vamos a pedirte».

«¿Qué quieren que haga por ustedes?», les preguntó Jesús.

Le respondieron: «Concédenos que en tu reino glorioso nos sentemos uno a tu derecha y otro a tu izquierda».

Esta petición de poder y prestigio no era una oración auténtica. «Cuando los otros diez discípulos oyeron esto, se enojaron con Santiago y Juan. Pero Jesús los llamó, y les dijo: «Como ustedes saben, entre los paganos hay jefes que se creen con derecho a gobernar con tiranía a sus súbditos, y los grandes hacen sentir su autoridad sobre ellos. Pero entre ustedes no debe ser así. Al contrario, el que quiera ser grande entre ustedes, deberá servir a los demás, y el que entre ustedes quiera ser el primero, deberá ser el esclavo de los demás. Porque ni aun el Hijo del hombre vino para que le sirvan, sino para servir y dar su vida en rescate por una multitud» (Marcos 10:41-45).

Jesús acababa de dar una serie de profundas enseñanzas sobre el reino, y mientras Él y sus discípulos andaban por el campo, le había dicho a un joven que vendiera todo lo que tenía si hablaba en serio en eso de seguirle. Pedro había indicado que Él y los demás discípulos lo habían dejado todo para seguirle. Sin embargo, vemos a los hijos de Zebedeo pidiendo un lugar de prominencia. ¿Por qué? Porque todavía el ego los consumía. Noten su concepto de la oración: «Maestro: queremos que hagas por nosotros lo que sea que te pidamos». ¿Suena conocido? Entonces o ahora, vivir en humildad no es decidir lo que queremos o intentamos hacer, y luego pedirle a Dios que lo bendiga. Más bien, es rendirse de corazón a Dios.

> VIVIR EN HUMILDAD NO ES CUESTIÓN DE DECIDIR LO QUE QUEREMOS O INTENTAMOS HACER, Y LUEGO PEDIRLE A DIOS QUE LO BENDIGA. MÁS BIEN, ES CUESTIÓN DE RENDIRSE DE CORAZÓN A DIOS.

No es de extrañar que, presentada con las miriadas de contradicciones actuales a la espiritualidad auténtica y a la verdadera fe, una mujer como la madre Teresa de Calcuta irradiara tal luminosidad sagrada. ¡Cómo anhelamos encontrar personas genuinamente espirituales! Los cristianos verdaderamente espirituales son los que entienden su situación humilde, pero en medio de todo eso se abandonan plena y completamente a un Dios amante y misericordioso que ha estampando en ellos su imagen. Al tratar de conocerle, se vuelven como Él. Ni gritan ni brincan. No insisten en salirse con la suya. Defieren —y refieren— al Dios que aman a todos los que encuentran.

La virgen de Nazaret brilla contra este telón de arrogancia humana e idolatría de sí misma. La vemos viviendo una vida de amor rendida. La reconocemos como una señal profética para un mundo que espera. No se promovió a sí misma, sino que más bien se preocupó sólo de que todos los hombres y mujeres conocieran y fueran transformados por su Hijo. No dijo mucho; parece que nunca llamaba la atención a sí misma. Vivió por entero en amor y para amar.

María sigue siendo modelo para nuestra época. Su negación propia no revela una imagen propia muy pobre, sino más bien reconocimiento sincero de su pequeñez ante la presencia abrumadora de un Dios infinito. Cualquier vida espiritual auténtica evidencia esta clase de sinceridad en su autoevaluación. Al permitir a Dios que mire la «bajeza» de nuestra propia vida, le abrimos la puerta para que entre, para que viva en nosotros y por medio nuestro. Como lo fue con María, puede ser como nosotros. Su Hijo todavía escoge nacer en el humilde pesebre de cada corazón donde hay espacio para Él. La autoevaluación sincera de María se basa no en justicia propia sino en humildad. La humildad fue el estilo de su Hijo Jesús, de quien San Pablo más tarde escribió:

> Tengan unos con otros la manera de pensar propia de quien está unido a Cristo Jesús, el cual:
> Aunque existía con el mismo ser de Dios,
> no se aferró a su igualdad con él,
> sino que renunció a lo que era suyo
> y tomó naturaleza de siervo.
> Haciéndose como todos los hombres

> y presentándose como un hombre cualquiera,
> se humilló a sí mismo,
> haciéndose obediente hasta la muerte,
> hasta la muerte en la cruz.
> Por eso Dios le dio el más alto honor
> y el más excelente de todos los nombres,
> para que, ante ese nombre concedido a Jesús,
> doblen todos las rodillas
> en el cielo, en la tierra y debajo de la tierra,
> y todos reconozcan que Jesucristo es Señor,
> para gloria de Dios Padre (Filipenses 2:4-11).

La palabra griega que en esta versión se traduce como «renunció a lo que era suyo» es *kenosis*. Literalmente significa ser derramado como libación. María aceptó su papel al derramarse por otros. Al hacerlo así participó profundamente en la misión redentora de su Hijo y Salvador. El camino de María es vaciarse de uno mismo, porque sólo al hacerlo así podemos ser llenados. Su camino es el de tomar el lugar más bajo; es el camino de servir. María escogió la senda de llegar a ser menos para que su Hijo Jesucristo pudiera ser todo en todos.

SÓLO CUANDO NOS EVALUAMOS A NOSOTROS MISMOS EN FORMA REALISTA, NI ERRÓNEAMENTE DENIGRÁNDONOS NI INFLÁNDONOS, PODEMOS EMPEZAR A COOPERAR CON LA GRACIA DE DIOS Y CULTIVAR LA VERDADERA HUMILDAD.

La senda a la realización de uno mismo no lleva a la acumulación de bienes terrenales. Tampoco se halla en los elogios de otros. Tampoco nos ofrece los arreos y las distracciones del poder mundano. Podemos realizarnos personalmente sólo como Jesús nos enseñó: la manera de hallarnos a nosotros mismos es negarnos a nosotros mismos. La manera de hallar tesoros duraderos es la renuncia voluntaria. Este es el camino de María. Es el camino de su Hijo y Salvador.

Debido a haber recibido un cruel ataque verbal toda nuestra vida, o a una calamitosa instrucción religiosa, algunos piensan que no sirven para nada. Otros tienen un sentido hinchado de valía propia y, desdichadamente, un serio caso de egoísmo. María tenía una opinión balanceada de sí misma, un concepto honesto; y ella nos sirve como ejemplo. Sólo cuando nos evaluamos a nosotros mismos en forma realista, ni erróneamente denigrándonos ni inflándonos, podemos empezar a cooperar con la gracia de Dios y cultivar la verdadera humildad.

En el clamor y el atractivo de nuestra vida diaria, que podamos vaciarnos de todo lo demás, para que Jesucristo pueda llenarnos. Que hallemos la gracia para negarnos nosotros mismos y escoger el camino de la cruz, y así llegar a ser instrumentos de Dios, en los que se pueda elevar hermosamente su canto de salvación. Nuestro mundo está lleno de la cacofonía del ego, que clama en su vaciedad. Que Dios nos ayude más bien a oír plenamente la sinfonía de amor de nuestro Creador. Que nos conceda la gracia de unirnos al canto humilde de María.

# Capítulo nueve

# Experimentemos el gozo del Señor

*Desde ahora siempre me llamarán bendita*
*(Lucas 1:48).*

María fue la más humilde de las mujeres, y sin embargo cantó que todas las generaciones la llamarían dichosa. De hecho, sus palabras fueron más que hermosas e inspiradas: fueron proféticas. A través de los siglos han demostrado ser verdad. En algunas tradiciones cristianas a María se le llama la «virgen bendita», y en otras «nuestra madre bendita». Los creyentes cristianos saben que a María Dios la escogió para ser el primer hogar terrenal de Aquel que vendría para redimir al mundo. Ella fue, en verdad, «bendita entre las mujeres».

La palabra griega del texto bíblico que se traduce «bendita» es *makarios*. La palabra en sí es más un verbo que un adjetivo; su voz es activa, y se refiere a una relación. Los que reconocen la pura maravilla del encuentro de María con el Señor no pueden dejar de ver la magnanimidad de lo que Dios ha hecho, por ella y por el mundo, en la encarnación. En su sentido más hondo, la bienaventuranza de María se refiere a su relación con el Señor que es la fuente de su alegría. El Señor mismo la llama «bendita» al entrar a residir en ella y con ello invitarla a una relación con Él.

La alegría y felicidad auténticas fluyen de una relación íntima con Dios, relación que siempre Dios inicia y a la que siempre se nos invita. María entendió la invitación, respondió por voluntad propia con la entrega de un amor desprendido, y ahora nos muestra el camino para ser felices. Su felicidad verdaderamente es cuestión de corazón.

En la decisión que tomó cuando el ángel le anunció el plan de Dios, María iluminó la senda a la verdadera alegría. María modela para todos nosotros lo que San Pablo llamaría en su carta a los

Corintios, «un camino mucho mejor» (1 Corintios 12:31). El amor es la senda a la alegría auténtica. Podemos escoger, como María, una relación con Cristo que consume y transforma, y Él es el amor personificado. Cuando decimos que sí a la oferta de Dios, de una manera real Jesús es concebido en nuestros corazones, y somos bendecidos, felices, y llenos de gozo.

LA FELICIDAD Y BIENAVENTURANZA QUE LA GRACIA DE DIOS NOS CONCEDE NO DEPENDEN DE NUESTRAS CIRCUNSTANCIAS.

La felicidad y bienaventuranza que la gracia de Dios nos concede no dependen de nuestras circunstancias. En un mundo atormentado y enfermo por el pecado, inevitablemente encontraremos sufrimiento. María por cierto lo encontró. Se le dijo que una espada la atravesaría (Lucas 2:35), y al final sufrió un dolor casi inimaginable. Sin embargo, su vida, sus pérdidas y la odisea que soportó viendo a su Hijo ir a la cruz, nunca eclipsó la bendición que experimentó. La misma bendición está disponible para nosotros.

En la tradición cristiana oriental (ortodoxa y católica), uno de los más populares íconos de María es la *Platytera*, que quiere decir: «la que es más espaciosa que los cielos». Muestra a María con Jesús en su vientre, con los brazos extendidos al mundo, o, en algunos cuadros, su mano derecha extendiendo una bendición. En la mayoría de la iconografía oriental, María no aparece sin Jesús. Eso es para recalcar la fuente real de su alegría, el contenido de su misión y el significado de su vida. Dios encarnado vino a residir en ella por amor al mundo.

Buscar felicidad o bienaventuranza por sí misma es invertir las prioridades apropiadas. La felicidad no es una meta que hay que alcanzar, sino más bien es un fruto que brota en nosotros al participar en la vida de gracia. Uno de los hombres más felices que jamás he conocido fue un sacerdote llamado fray Philip Bebie, que fue mi confesor y consejero en lo que entonces se llamaba la Universidad de Steubenville (hoy Universidad Franciscana de Steubenville) en Ohio. Conocí a fray Philip cuando él había aceptado una invitación para organizar una pequeña comunidad de sacerdotes en el plantel. Yo, al mismo tiempo, también había aceptado una invitación a establecer una pequeña comunidad de estudiantes, una «familia de fe», que promovería la renovación espiritual mediante la oración, el testimonio y la vida común. Habiendo trabajado juntos en el ministerio universitario, fray Philip y yo hemos seguido siendo amigos toda la vida.

Después de la universidad, mi matrimonio y el nacimiento de mis hijos, fray Phil me motivó como esposo y padre en mi «vocación», como él con razón llamaba al matrimonio y a la familia cristiana.

Periódicamente me enviaba pequeños recordatorios del amor de Dios, y retratos de «su señora», María, la madre del Señor. Él tenía un profundo amor por Jesús, y por consiguiente también honraba a su madre. También me recordaba el papel que el sufrimiento, correctamente entendido, juega en el llamado a la santidad.

Antes de su muerte, fray Philip participó en persona en el sufrimiento de Cristo. Cuando me llegó la noticia de que estaba cerca de la muerte, sabía que tenía que verlo. No podía dejar que se fuera sin tener con él una charla más, una risa más, otra oración y otro

> BUSCAR FELICIDAD O BIENAVENTURANZA POR SÍ MISMAS ES INVERTIR LAS PRIORIDADES APROPIADAS. LA FELICIDAD NO ES UNA META QUE HAY QUE ALCANZAR, SINO MÁS BIEN ES UN FRUTO QUE BROTA EN NOSOTROS AL PARTICIPAR EN LA VIDA DE GRACIA.

abrazo. De inmediato compré un boleto en avión. Cuando llegué, conduje el auto alquilado en un día gris y frío, tratando de contener la tristeza y temor que sentía por dentro. Llegué al gigantesco monasterio pasionista donde estaba fray Philip, solo, en la enfermería. Aquel gigantesco edificio, que en la década del 1950 había sido vivienda de más de cincuenta hombres e incluso más seminaristas, ahora albergaba a siete curas ancianos, incluyendo a Philip.

Estacioné el coche y me dirigí a la enorme entrada de cristal. Antes de que pudiera tocar el timbre, vi una nota pegada en la puerta. Decía: «Keith, te espero dentro. Fray Philip». Esperando con ansiedad mi llegada hallé a un anciano de piel arrugada y abdomen distendido, pero la sonrisa de Philip de intensa alegría iluminaba sus ojos penetrantes, y una expresión de paz y alegría animaba su cuerpo debilitado. Era genuinamente feliz. Era «bendito».

En la pared había un cuadro de Jesús y junto a este un cuadro de su madre María, la madre del Señor, la mujer por quien él tenía gran afecto. Habló de ambos frecuentemente en nuestras horas restantes y me animó a descubrir el significado y misterio revelado en el *Magníficat* de María. Allí estaba un hombre cuyos días y noches ya no estaban separados debido al intenso dolor. Estaba solo en aquella enfermería, muriéndose, pero profesando con gran certeza que Jesús había sido bueno con él. Fray Philip estaba lleno de una alegría que yo nunca había saboreado.

Oró conmigo repetidamente en nuestra visita. Habló de la verdad y me recordó las promesas de Jesús. Demasiado pronto fue tiempo para que yo me fuera. Oyó mi confesión y me dio la absolución, poniendo sobre mi cabeza sus manos enormes y pidiendo que el amor tierno y paternal de Dios siga guiándome. Siete días más tarde, Philip fue a estar con el Señor.

Como un año después de nuestra visita, estaba en casa un frío sábado de otoño. El colorido follaje me invitaba a salir, y decidí dar una caminata por la tarde al aire fresco de Steubenville. La temperatura estaba bajando, así que me fui al desván para sacar mi abrigo de lana azul. Recorrí el bosque, al parecer solo. De repente me abrumó un sentido de la presencia de la paz de Dios. Pensé en Philip y cómo lo echaba de menos.

Al revisar mi vida y mis responsabilidades, me di cuenta de cuánto todavía necesitaba su consejo. Metí las manos en los bolsillos para calentarlas, y sentí un agujero en uno de ellos. No me sorprendió. Después de todo era un abrigo viejo; mi favorito. Pero mis dedos penetraron por el agujero al forro interior y descubrí un papel doblado. Lo saqué, lo desdoblé, y leí: «Keith, te espero dentro. Fray Philip».

Él todavía estaba conmigo.

Fray Philip respondió al Dios que es amor crucificado. En las palabras de su Maestro: «Desde los días de Juan el Bautista hasta ahora, el reino de los cielos ha venido avanzando contra viento y marea, y los que se esfuerzan logran aferrarse a él» (Mateo 11:12, NVI). Philip lo tomó por fuerza. Se derramó en respuesta al que había derramado sangre sagrada por toda la humanidad. Philip, como María, era verdaderamente bendecido. Él entonó el canto de ella. Él buscó la misma santidad en su vida que marcó la vida de ella, y como ella, abrazó la eternidad en amor. Dijo que sí a Dios. Él había concebido a Cristo en su corazón, y se dedicó toda su vida a presentarlo a otros.

Yo fui uno de muchos cuyas vidas fueron cambiadas para siempre debido a los encuentros con fray Philip Bebie. Su vida demostró amor redentor y sacrificial. En él presencié la verdadera bendición de la que María cantó, la felicidad de que habla la Biblia, la alegría inexplicable que los cristianos han experimentado por siglos al andar en el camino de la cruz.

CAPÍTULO DIEZ

# ENCONTREMOS
# PODER VERDADERO

*El Todopoderoso ha hecho en mí grandes cosas (Lucas 1:49).*

El foco de la oración de María, su canto y su vida, nunca fue ella misma. Tampoco recayó en los dones que había recibido. Por eso María reveló genuina espiritualidad. Su atención siempre se enfocó en el Dador de todos los dones, a quien ella amaba y a quien se sometió por completo. Sus pensamientos y acciones procedían de una relación íntima con el que la creó a su imagen por infinito amor. Ella nos mostró cómo responder a la gracia de Dios en nuestra vida. Al hacer esto, nosotros también podemos experimentar a un Dios poderoso haciendo grandes cosas por nosotros.

Inmortal, invisible, infinito e incomprensible excepto por su revelación a la humanidad, Dios condescendió para venir a nosotros como un bebé. El Verbo, por quien todo el universo fue hecho, se hizo carne y vivió entre nosotros (Juan 1:1-14). El Dios que puso las estrellas en su lugar, que formó del polvo a la humanidad, hizo su hogar entre nosotros, y continúa siendo Emanuel, Dios con nosotros, hoy. La encarnación de Jesucristo revela que el verdadero poder se manifiesta en el amor incondicional, amor que se entrega por otros, amor que se ofrece sacrificadamente, simplemente debido a la gracia.

Después del nacimiento de Jesús, el profeta Simeón le dijo a María que una espada la atravesaría (Lucas 2:35). En esencia, así fue. El amor sufre por el amado. María conocía a Dios, y se entregó a su Hijo en una comunión de sufrimiento. Los primeros cristianos también sabían que el llamado del evangelio conlleva una invitación a unir nuestros sufrimientos a los de Cristo. San Pablo escribió que quería ganar a Cristo, y «conocer a Cristo, sentir en mí el poder de su resurrección y la solidaridad en sus sufrimientos; haciéndome semejante a él en su muerte, espero llegar a la resurrección de los muertos» (Filipenses 3:10-11).

El Señor escogió la senda del sufrimiento para hacer posible que cada uno nosotros escoja vivir en plena comunión de amor con Él. La redención que logró Jesucristo, debido a su divinidad, hizo lo que nosotros como humanos jamás podríamos hacer. Su agonía, que soportó por amor a cada uno de nosotros, abrió las puertas de la casa del Padre, y se nos invita a entrar. Para conocer al Hijo, sin embargo, y para experimentar su poder, debemos aceptar la invitación a participar en su misión redentora continua al participar en su sufrimiento.

SI HEMOS DE CONOCERLE A ÉL Y SU PODER, TAMBIÉN ESTAMOS DESTINADOS A PARTICIPAR, A VECES, EN CIERTA MEDIDA DE SU SUFRIMIENTO. ESTO ES, DE ACUERDO A SAN PABLO, UNA MANERA DE TENER COMUNIÓN CON ÉL. ES PARTE DEL MISTERIO DE LA FE.

La relación entre el sufrimiento y la comunión con Dios en Cristo provee una perspectiva de la verdadera oración, fe genuina y florecimiento humano. Es el principio de un poder espiritual auténtico. Algunos hablan al descuido de su relación individual con Dios, y suenan a veces como si Jesús estuviera, en las palabras de Frederick Buechner, «en su bolsillo trasero». Estas mismas personas hablan del Espíritu de Dios como si pudieran controlarlo, aun al punto de presumir que el poder de Dios evitará que todo sufrimiento llegue a sus vidas. No es así el camino de la cruz. No es el camino de María, ni tampoco es el camino en el que Jesús nos guía a cada uno de nosotros. Si hemos de conocerle a Él y su poder, también estamos destinados a participar, a veces, en cierta medida de su sufrimiento. Esto es, de acuerdo a San Pablo, una manera de tener comunión con Él. Es parte del misterio de la fe.

Al ver a la madre de Jesús al pie de la cruz, deberíamos preguntarnos lo doloroso que debe haber sido para ella participar en los sufrimientos de su Hijo. Por siglos, los cristianos han reflexionado en la odisea y sufrimiento de ella. La vida de María nos demuestra que cuando participamos en el sufrimiento de Jesucristo también experimentaremos su poder y liberación.

Al escribir esta reflexión, acabo de regresar de visitar a un maravilloso amigo. Tiene apenas treinta y un años, pero cayó en coma después de sufrir una severa deshidratación debido al ejercicio excesivo. Me uní a su familia, otros clérigos y docenas de amigos fieles en una vigilia de oración. En sus pocos años, este amigo ha llevado a cientos el amor y gozo de Jesucristo. Incluso en la cama del hospital en la unidad de cuidados intensivos, continúa haciéndolo. Evangélicos, protestantes, católicos y ortodoxos se reunieron para orar. Sabíamos que orábamos al mismo Señor, y descubrimos, junto a la cama de nuestro amigo en el hospital, una senda hacia una visión compartida. Su sufrimiento, al parecer innecesario, ocasionó todo eso. Continuaremos orando por él, esperando ver el poder de Dios demostrado en su recuperación completa.

En su *Magníficat*, María se llenó de regocijo por haber visto el poder de Dios obrando en su vida. Hoy, dos milenios más tarde, no es raro hallar cristianos que cuenten experiencias diarias de la actividad de la gracia de Dios. Cuentan sus historias sobrecogidos, porque reconocen que el poder de Dios los ha tocado, y ha hecho por ellos lo que ellos mismos jamás podrían hacer. «El Señor ha hecho grandes cosas por mí», dicen. Usan las mismas palabras que María le dijo a su prima Elizabet, al sentirse feliz por el poder de Dios manifestado en su vida.

Nuestro mundo moderno habla mucho del poder: poder corporativo, poder político, poder militar. Sin duda hay lugar para ellos, entendidos correctamente y dirigidos a la persona, la familia y el bien común. Pero los caminos del Señor son misteriosos.

Como un ángel le reveló una vez a un profeta hebreo, la obra del Señor «no depende del ejército, ni de la fuerza, sino de mi Espíritu, dice el Señor todopoderoso» (Zacarías 4:6).

Nuestra era también habla de fortalecimiento personal, de alcanzar nuestro potencial humano, de fijar los ojos en nuestra meta y no permitir que nada se interponga en nuestro camino para conseguirla, de usar nuestra voluntad humana para hacer que nuestros sueños se conviertan en realidad. Felizmente, nuestro Padre celestial sabe lo que es mejor para sus hijos amados. Aprendemos que sus caminos están por sobre los nuestros, y cuando le rendimos a Él nuestras metas personales, sueños y poder, Él «puede hacer muchísimo más de lo que nosotros pedimos o pensamos, gracias a su poder que actúa en nosotros» (Efesios 3:20).

> LA CLAVE PARA QUE EL PODER DE DIOS OBRE EN NOSOTROS, Y A NUESTRO ALREDEDOR, ES HACERNOS A UN LADO A FIN DE RECIBIR LO QUE ÉL TIENE PARA NOSOTROS.

La clave para que el poder de Dios obre en nosotros, y a nuestro alrededor, es hacernos a un lado a fin de recibir lo que Él tiene para nosotros. María sabía esto. Probablemente tenía sueños, como toda joven, pero cuando el ángel le habló, inmediatamente dejó a un lado esos sueños, junto con cualquier meta que pudiera haberse fijado respecto a su futuro matrimonio con José. Voluntariamente dejó a un lado su voluntad humana, sus derechos y sus aspiraciones. Lo hizo con amor y por amor.

En respuesta, Jesucristo vino a residir en ella. «El todopoderoso ha hecho grandes cosas por mí», exclamó ella. Y a través de ella, gracias a su amor rendido, ha hecho grandes cosas por nosotros. Nos señala el camino al Todopoderoso, que todavía espera que nos vaciemos para poder llenarnos a rebosar con su poder, su amor y su gracia.

# CAPÍTULO ONCE

# CÓMO RECONOCER LA VERDADERA NATURALEZA DE DIOS

---

*¡Santo es su nombre! (Lucas 1.49)*

---

Q ué quiso decir María cuando cantó: «¡Santo es su nombre!»? ¿Por qué dijo que el nombre de Dios es santo?

En un sentido bíblico el nombre de una persona es más que una forma de identificación. En el mundo antiguo el nombre revelaba la naturaleza de la persona. Muchas veces en la Biblia hallamos a Dios cambiándole el nombre a algunos: Abram a Abraham, Sarai a Sara, Jacob a Israel, Simón a Pedro, Saulo a Pablo, una vez que ellos respondieron a su invitación y encontraron su gracia. El cambio reflejó su nueva relación con Dios y su papel individual en el continuo plan divino para la redención humana. Cuando Dios le cambiaba el nombre a alguien, Dios marcaba el cambio por dentro, una transformación en su manera de vivir.

De modo similar, a cada uno de nosotros se nos ha prometido que un día recibiremos un nuevo nombre, un nombre que nos identificará como miembros de la familia de Dios. «A los que salgan vencedores les daré a comer del maná que está escondido; y les daré también una piedra blanca, en la que está escrito un nombre nuevo que nadie conoce sino quien lo recibe» (Apocalipsis 2:17). Seremos perfectos, o completos, sólo cuando entremos en la plenitud de esa comunión en Cristo. Entonces habremos llegado a ser las criaturas únicas que Dios siempre se propuso que fuéramos.

Cuando María cantó «Santo es su nombre», entendió que Dios es santo, y que quiere que todos sus hijos sean santos. Dios envió a su Hijo Jesús al mundo para hacer posible que tuviéramos una profunda e íntima relación con Él. Mediante esa relación dinámica de amor, Él nos cambia en los hombres y mujeres santos que quiere que seamos. Jesús dijo: «Dichosos los de corazón limpio, porque verán a Dios» (Mateo 5:8).

En la humanidad sagrada de Cristo hemos visto al Dios eterno. Hemos visto también, modelado por Él, la manera en que somos llamados a vivir nuestra vida en el aquí y ahora. El nombre de Dios habla de su naturaleza; es un Dios santo, y su nombre revela y comunica esa santidad. Puesto que nosotros, también, somos llamados a santidad, Él nos ha hecho posible crecer en pureza de corazón por su gracia.

Como hemos visto, la santidad no puede ser artificial ni fingida. No es cuestión de expresión facial, ni de aspecto ni de un vocabulario lleno de palabras santurronas. No es cuestión de imitar lo mejor ni de ser el mejor. La santidad nos exige que estemos en una relación con la fuente de toda santidad, que es Dios mismo. Dios es tan santo que, bajo las reglas del Antiguo Pacto, su nombre ni siquiera se podía pronunciar. Sin embargo hoy, debido a lo que Jesucristo hizo por nosotros en la cruz, se nos ha invitado a llamar a este Dios todo santo *Abba*, que es un término cariñoso que quiere decir «Padre».

El significado de *santidad* como consagración, como estar apartado para Dios, no es tanto algo para hacer como una invitación a una nueva forma de vida. Santidad quiere decir que somos hechos «naturalmente sobrenaturales» mediante la conversión, la que San Pablo explicó así a los cristianos de Corinto: «Por lo tanto, el que está unido a Cristo es una nueva persona. Las cosas viejas pasaron; se convirtieron en algo nuevo» (2 Corintios 5:17).

La santidad que Pablo describe no es algo estático sino un proceso dinámico, una forma de vivir nuestra nueva vida en Cristo. Esta nueva manera de vivir es el camino del amor. Cuando declaramos con María «santo es su nombre», el punto de referencia, y la fuente de la gracia que nos ha hecho nuevos, es Dios mismo. Y Dios es amor.

San Juan escribió:

> Queridos hermanos, debemos amarnos unos a
> otros, porque el amor viene de Dios. Todo el que
> ama es hijo de Dios y conoce a Dios. El que no ama
> no ha conocido a Dios, porque Dios es amor. Dios
> mostró su amor hacia nosotros al enviar a su Hijo
> único al mundo para que tengamos vida por Él.
> (1 Juan 4:7-9)

> Queridos hermanos, si Dios nos ha amado así,
> nosotros también debemos amarnos unos a otros. A
> Dios nunca lo ha visto nadie; pero si nos amamos
> unos a otros, Dios vive en nosotros y su amor se hace
> realidad en nosotros. (1 Juan 4:11-12)

> Dios es amor, y el que vive en el amor, vive en
> Dios y Dios en él. De esta manera se hace realidad el
> amor en nosotros, para que en el día del juicio tenga-
> mos confianza; porque nosotros somos en este mun-
> do tal como es Jesucristo (1 Juan 4:16-17).

La santidad de Dios se revela en la misma naturaleza de su
amor. Se vació a sí mismo por nosotros. El Dios que hizo el universo entero, que mora en luz inaccesible, vino a la tierra y vivió
entre las criaturas que había formado. Se hizo vulnerable, y lo
hizo por nosotros. «Dios mostró su amor hacia nosotros al enviar
a su Hijo único al mundo para que tengamos vida por él. El amor
consiste en esto: no en que nosotros hayamos amado a Dios, sino
en que él nos amó a nosotros y envió a su Hijo, para que, ofrecién-
dose en sacrificio, nuestros pecados quedaran perdonados. Que-
ridos hermanos, si Dios nos ha amado así, nosotros también
debemos amarnos unos a otros. A Dios nunca lo ha visto nadie;

pero si nos amamos unos a otros, Dios vive en nosotros y su amor se hace realidad en nosotros» (1 Juan 4:9-12).

Tal vez el cuadro más conmovedor de este amor también lo relata el discípulo amado de Jesús, Juan, en su Evangelio. Antes de tener una comida final con sus amigos más íntimos, antes de extender sus brazos para abrazar al mundo entero uniendo al cielo y la tierra, se anudó una toalla y les lavó los pies a sus discípulos. El Hijo de Dios, ante quien todas las naciones un día doblarán la rodilla, dobló su rodilla humana ante los que había escogido como sus embajadores. Dios, encarnado en Jesucristo, tomó una palangana, toalla y agua (Juan 13:1-11). En este maravilloso encuentro contemplamos el Amor Divino en servicio; derramándose cómo agua en una palangana para limpiar a los que el pecado había ensuciado.

En el mismo evangelio leemos la continuación de la historia de amor. Después de que Jesús les lavó los pies a sus discípulos, inauguró la gran comida eucarística, dándose a sí mismo como comida y bebida a todos los que irían con Él al Padre. Explicó que el pan y vino benditos eran, en realidad, su cuerpo partido y sangre derramada. Los invitó a llevar al mundo entero a la fiesta. La gran invitación, obra misionera que no terminará sino cuando Él vuelva, continúa incluso ahora, mediante la misión de la iglesia cristiana en nuestros días.

> EL HIJO DE DIOS, ANTE QUIEN TODAS LAS NACIONES UN DÍA DOBLARÁN LA RODILLA, DOBLÓ SU RODILLA HUMANA ANTE LOS QUE HABÍA ESCOGIDO COMO SUS EMBAJADORES.

Finalmente, el Santo tomó su cruz y subió a una colina llamada Gólgota. Él mismo tomó sobre el castigo y la burla, la agonía y el abandono, por amor a un mundo que literalmente estaba muriendo por verdadero amor y santidad. Fue por nosotros, por usted, por mí, y por toda la humanidad, que Jesús caminó por la *Vía*

*Dolorosa*, el camino del sufrimiento. Hasta la última gota de sangre y agua fluyeron de su costado por usted y por mí. En la gran culminación de su misión redentora, el que no conoció pecado se hizo pecado para romper el poder del pecado sobre nosotros a fin de que podamos llegar a ser la misma justicia de Dios en Él (2 Corintios 5:21). Pagó la deuda de justicia eterna. Derrotó a Satanás y al enemigo final, la muerte. Empezó una nueva creación.

Todos los días, debido a lo que hizo por nosotros, podemos escoger empezar de nuevo. Podemos apropiarnos de ese misterio. Ningún simple espectador de la pasión de Cristo, porque lleve el nombre de *cristiano*, está invitado a ser participante. Somos llamados a tomar la palangana y la toalla y a servir a otros, a ofrecer comida y bebida al hambriento y sediento, a tomar nuestra cruz y seguir a nuestro Señor en una vida de santidad y amor que se practica en humildad. Y hay más. No sólo debemos vivir en el sufrimiento y sacrificio de la cruz, sino que se nos invita a recibir el poder que levantó a Jesús de los muertos; poder que puede transformarnos a la imagen de un Dios santo.

Nuestra fe y amor tienen el propósito de ser activos y fructíferos conforme seguimos las pisadas del Dios que lava pies. Se nos invita a entregar nuestra vida, para que podamos descubrir una nueva vida, y un nuevo nombre, en Él. Al permitir que su poder nos transforme desde dentro, somos santificados, separados para la buena voluntad de Dios, conforme su Hijo vive su vida en nosotros. «Santo es su nombre», cantó María. Por su gracia, somos llamados por ese nombre.

La virgen María es hallada obediente al decir: «He aquí la sierva del Señor; hágase conmigo conforme a tu palabra». Pero Eva fue desobediente; porque no obedeció ... Así como Eva fue seducida por las palabras de un ángel, y se apartó de Dios al transgredir su palabra, María recibió las buenas noticias por las palabras del Ángel, y llevó a Dios en ella, obediente a su palabra. Y, aunque la una había desobedecido a Dios, la otra se sintió atraída a obedecer a Dios; para que de la virgen Eva la virgen María pudiera llegar a ser la abogada. Y, como por una virgen la raza humana había sido ligada a la muerte, por una virgen es salvada, se preserva el balance, la desobediencia de una virgen por la obediencia de una virgen. Justino Mártir (120-165 d.C.).

# CAPÍTULO DOCE

# CÓMO VIVIR BAJO LA MISERICORDIA DE DIOS

*Dios tiene siempre misericordia de quienes lo reve-
rencian (Lucas 1:50).*

La misericordia de Dios es el fundamento de la fe cristiana. La misericordia forma un puente entre la justicia y el amor. La misericordia se halla en la misma médula de la revelación de Dios a través de Jesucristo.

En el Antiguo Testamento, dos palabras hebreas, *jesed* y *rajamín*, se usaban predominantemente para expresar el significado de la misericordia de Dios. *Jesed* connota una actitud de bondad profunda y amorosa que, cuando existe entre personas, se revela en una relación de fidelidad honda e inconmovible. También significa gracia y amor. *Jesed* tiene una connotación masculina de asumir responsabilidad por las obligaciones y el objeto del amor de uno. Dios siempre actuó con *jesed* hacia Israel, aunque la nación fue infiel.

El segundo término, *rajamín*, describe el amor de una madre (*rejem* es el vientre de la madre), ese amor gratuito hacia el hijo que es instintivo e incluye una gama de emociones: bondad, paciencia, comprensión, disposición a perdonar y esperanza. Estas dos expresiones hebreas, entre muchas otras, nos ayudan a captar aspectos de la misericordia multifacética de Dios.

La misericordia tiene nombre. Se llama Jesús, el que salvará a todo el pueblo de Dios de sus pecados. El amor misericordioso de Dios, expresado por Jesucristo, es más poderoso que la muerte, más poderoso que el pecado, y más poderoso que la separación entre el hombre y Dios ocasionada por el pecado. El amor misericordioso de Dios conquistará todo eso una vez que la obra de Dios quede completa. El fin de su obra fue llegar a ser un nuevo principio para todos nosotros, debido a la misericordia de Dios.

Del tabernáculo físico de María, nació el unigénito Hijo de Dios, revelando el significado supremo de la misericordia hecha hombre.

En las Escrituras hebreas Dios expresó *jesed*, o amor misericordioso, en su fidelidad a su pueblo escogido, los judíos. A través de Jesús, manifestó su misericordia a todas las naciones. San Pablo recuerda la fidelidad de Dios a su pueblo en su carta a los cristianos de Roma. La insistente búsqueda divina de Israel continuó en el Nuevo Testamento, pero luego se extendió a todo el mundo (Romanos 9:15-16, 23; 11:31-32; 15:9).

Por toda la Biblia se ve a personas como inmerecedores recipientes del amor misericordioso de Dios. San Pedro proclamó en su primera carta a los cristianos dispersos: «Ustedes antes ni siquiera eran pueblo, pero ahora son pueblo de Dios; antes Dios no les tenía compasión, pero ahora les tiene compasión» (1 Pedro 2:10). Todo el Nuevo Testamento es una exposición del trayecto entre la justicia y el amor. La misericordia lleva a una cruz en una colina llamada Gólgota, y estalla de una tumba vacía.

> LA MISERICORDIA LLEVA A UNA CRUZ EN UNA COLINA LLAMADA GÓLGOTA, Y ESTALLA DE UNA TUMBA VACÍA.

El evangelio, las «buenas nuevas», es a la vez un mensaje y una misión de misericordia. La palabra *misericordia* se usa repetidamente para describir la misma naturaleza y obra de Dios. También llega a ser la manera en que los seguidores de Jesús deben andar. En la *carta magna* de la vida cristiana, el gran Sermón del Monte de Jesús, se nos llama a vivir vidas de misericordia. Jesús prometió: «Dichosos los compasivos, porque Dios tendrá compasión de ellos» (Mateo 5:7).

En la tradición de las iglesias católica y ortodoxa, a María se le llama Madre de Misericordia. En su vida, y en la vida de los que manifiestan misericordia a otros, Cristo se revela como bálsamo, fuente de salud para toda desdicha humana. Fuera de una relación de amor con Dios, las personas viven en una situación miserable, y viven a la sombra del dolor, el temor, la pérdida, el rechazo y, por último, la muerte. Pero Dios ha venido para alcanzarnos en nuestra desdicha. En los brazos abiertos de su amado Hijo extiende su misericordia al mundo en un abrazo de amor redentor. Debido a Jesús, en Jesús, y por Jesús ahora la justicia y la verdad se encuentran.

María dijo: «Su misericordia es para los que le temen». Dios ha extendido una invitación en la que, cuando respondemos, nos extiende su misericordia. Sin embargo, hay una decisión insertada en las palabras de María. Su misericordia es para los hombres y mujeres que viven en el *temor* del Señor. ¿Qué quiere decir eso exactamente?

En griego *fobos* es la palabra que se traduce «temor» o «respeto» a Dios. Esta reverencia tiene el propósito de guiarnos a un amor activo a Dios que cambia cómo vivimos nuestra vida por otros. Si le conocemos, nuestro temor a Dios no es terror. El mensajero angélico le dijo a María: «No tengas miedo». Se nos invita a vivir en este temor reverencial a Dios, no en terror humano.

Es verdad que Dios es poderoso y su justicia se puede sentir como «una terrible espada veloz». Su juicio es formidable sobre los que rechazan su invitación de misericordia. Sin embargo, en las palabras del discípulo amado Juan, Dios es amor (1 Juan 4:8). «Donde hay amor no hay miedo. Al contrario, el amor perfecto echa fuera el miedo, pues el miedo supone el castigo. Por eso, si alguien tiene miedo, es que no ha llegado a amar perfectamente» (1 Juan 4:18).

Desafortunadamente, algunos cristianos entienden mal esta distinción entre «el temor del Señor» y el temor humano. Debido a esto tienden a irse al extremo opuesto. C. S. Lewis lastimosamente describe a los que ven a Dios como un abuelo benevolente, como «una benevolencia senil que, como dicen, "le gusta ver que los jóvenes se diviertan" y cuyo plan para el universo fue simplemente que pudiera ser tal que al fin del día se pudiera decir verdaderamente: "Todos se han divertido de lo lindo"» (*El problema del dolor*, capítulo 3). A esta clase de dios se le concibe variadamente como cumplidor de deseos, mayordomo cósmico, o alguna otra fuerza benigna cuya función primordial es convertir en realidad los sueños más estrafalarios. Tales nociones del verdadero de Dios son a la vez falsas e idólatras.

> A ESTA CLASE DE DIOS SE LE CONCIBE VARIADAMENTE COMO CUMPLIDOR DE DESEOS, MAYORDOMO CÓSMICO, O ALGUNA OTRA FUERZA BENIGNA CUYA FUNCIÓN PRIMORDIAL ES CONVERTIR EN REALIDAD LOS SUEÑOS MÁS ESTRAFALARIOS DE TODOS. TALES NOCIONES DEL VERDADERO DE DIOS SON A LA VEZ FALSAS E IDÓLATRAS.

El temor al Dios al que se nos invita a abrazar, el temor que nos abre para recibir, percibir y luego dar misericordia, es reverencia llena de asombro por quién es Dios. Es darse cuenta del poder de Dios, y un reconocimiento brutalmente franco de nuestra debilidad, de su pureza y nuestra naturaleza herida y defectuosa, y de su sabiduría y nuestra necedad. Un bien conocido proverbio nos dice: «El comienzo de la sabiduría es el temor del SEÑOR» (Proverbios 9:10, NVI). En las palabras de María hallamos una verdad más honda: el temor de Dios también es el principio de la misericordia. Cuando tememos a Dios y recibimos a su Hijo en nuestra vida, Él nos extiende su misericordia en una relación transformadora, redentora y fructífera. Experimentamos misericordia, pero incluso más, llegamos nosotros mismos a ser misericordiosos, llevando su mensaje de amor a toda la raza humana.

A todos los que seguimos a Cristo se nos invita a ser mensajeros y espejos de misericordia. Somos llamados a amarnos unos a otros como Él nos amó; con un amor que es, por naturaleza, rico en misericordia. Nos ha enseñado a no juzgarnos unos a otros, y eso es una forma de misericordia. Él modeló y nos instruyó a volver la otra mejilla, a caminar la segunda milla, y a dar incluso la camisa. Todas estas son expresiones de misericordia.

Vemos esta misericordia reflejada en la vida de María. Como madre, por supuesto, amaba a Jesús tan tiernamente como cualquier madre ama a su hijo. En los años posteriores, conforme el ministerio de Jesús se intensificaba, la presencia fiel de María en la vida de Jesús llegó a ser una expresión profunda tanto de su temor a Dios como de la misericordia que es la perfección y manifestación del amor fiel.

En Caná, en el contexto de una boda, símbolo del amor de Cristo por su esposa, la iglesia (véase Efesios 5), María dirigió los ojos de todos a su Hijo, y este demostró la misericordia de amor en la primera de muchas señales del reino. Ella mostró misericordia en su preocupación por los anfitriones de la boda; mostró incluso mayor misericordia a todos los que alguna vez necesitarían ayuda de su Hijo, proclamando: «Hagan todo lo que él les diga» (Juan 2:5).

María se preocupó por el bienestar de Jesús no solamente en términos espirituales, sino también física y emocionalmente. En más de una ocasión fue a algún lugar donde Él estaba ministrando, y preguntó por Él, expresando así su interés materno por Él. ¿Qué mensaje mayor de misericordia

> QUÉ MENSAJE MAYOR DE MISERICORDIA PODÍA HABER RECIBIDO JESÚS QUE MIRAR HACIA ABAJO DESDE LA CRUZ Y VER ALLÍ A SU MADRE DE PIE, LLORANDO, CONTEMPLANDO Y AMANDO.

podía haber recibido Jesús que mirar hacia abajo desde la cruz y ver allí a su madre de pie, llorando, contemplando y amando? En aquel momento, por lo menos por unos instantes, parecía que incluso el Padre lo había rechazado.

Al llevarlo en su vientre y darlo a luz, al participar en la vida, muerte resurrección de su Hijo, que era y es el Hijo del Dios viviente, María fue escogida, preparada, y tuvo el privilegio de desempeñar un papel singular en la gran manifestación de la misericordia a un mundo que esperaba.

Hoy, a la luz de la misericordia de Dios para nosotros, se nos invita a demostrarnos misericordia unos a otros. Hemos sido perdonados, y debemos perdonar. Hemos sido sanados, y nosotros debemos extender manos sanadoras a un mundo herido. Nuestras verdaderas necesidades nos han sido suplidas, y nosotros debemos convertirnos en vehículo para otros necesitados. Como María, hemos sido bendecidos más allá de toda medida, más allá de toda expectación, más allá de lo que pudiéramos pedir o siquiera pensar. Estas bendiciones son nuestras sólo debido a la misericordia de Dios. Jesús dijo: «Lo que ustedes recibieron gratis, denlo gratuitamente» (Mateo 10:8. NVI).

# Capítulo trece

# Cómo entender
# la fuerza auténtica

*Actuó con todo su poder (Lucas 1:51).*

La fuerza de Dios, su «brazo», se revela en la vida de todos los que ponen su esperanza en Él. Si reconociéramos nuestra debilidad, seríamos capaces de descansar en Él, y de apoyarnos en su fuerza. En todo el Antiguo Testamento hallamos numerosas referencias al poderoso brazo del Señor. Como judía, María debe haber sabido cada uno de estos pasajes. De hecho, tenía buen conocimiento de los Salmos y, junto con José, debe habérselos enseñado a su Hijo, como lo hacían todos los padres judíos fieles.

En tiempos de preocupación, de seguro María repetía las palabras del salmista David:

> Con tu propia mano echaste fuera a los paganos,
> castigaste a las naciones y estableciste allí a
> nuestros padres.
> Pues no fue su brazo ni su espada lo que les dio la victoria;
> ellos no conquistaron la tierra.
> ¡Fue tu poder y tu fuerza!
> ¡Fue el resplandor de tu presencia,
> porque tú los amabas! (Salmo 44:2-3).

Cuando estaba llena de alegría debe haber pronunciado las antiguas alabanzas a Dios:

> ¡Canten al Señor una canción nueva,
> pues ha hecho maravillas!

¡Ha alcanzado la victoria
con su gran poder, con su santo brazo! (Salmo 98:1).

La frase «el brazo del Señor» aparece en toda la literatura del Antiguo Testamento. Sin embargo, fueron las palabras del profeta mesiánico Isaías las que revelaron el más profundo significado de esa expresión:

¿Quién va a creer lo que hemos oído?
    ¿A quién ha revelado el Señor su poder?
El Señor quiso que su siervo creciera como planta
    tierna
    que hunde sus raíces en la tierra seca.
No tenía belleza ni esplendor ,
    su aspecto no tenía nada atrayente;
los hombres lo despreciaban y lo rechazaban.
    Era un hombre lleno de dolor, acostumbrado al
    sufrimiento.
Como a alguien que no merece ser visto,
    lo despreciamos, no lo tuvimos en cuenta.
Y sin embargo él estaba cargado con nuestros
    sufrimientos,
    estaba soportando nuestros propios dolores.
Nosotros pensamos que Dios lo había herido,
    que lo había castigado y humillado.
Pero fue traspasado a causa de nuestra rebeldía,
    fue atormentado a causa de nuestras maldades;
el castigo que sufrió nos trajo la paz,
    por sus heridas alcanzamos la salud.

Todos nosotros nos perdimos como ovejas,
    siguiendo cada uno su propio camino,

pero el Señor cargó sobre él la maldad de todos
    nosotros.
Fue maltratado, pero se sometió humildemente,
    y ni siquiera abrió la boca;
lo llevaron como cordero al matadero,
    y él se quedó callado, sin abrir la boca,
    como una oveja cuando la trasquilan.
Se lo llevaron injustamente, y no hubo quien lo defendiera;
    nadie se preocupó de su destino.
Lo arrancaron de esta tierra,
    le dieron muerte por los pecados de mi pueblo.
Lo enterraron al lado de hombres malvados,
    lo sepultaron con gente perversa,
aunque nunca cometió ningún crimen
    ni hubo engaño en su boca.
El Señor quiso oprimirlo con el sufrimiento.
Y puesto que él se entregó en sacrificio por el pecado,
    tendrá larga vida
    y llegará a ver a sus descendientes;
    por medio de él tendrán éxito los planes del Señor.
Después de tanta aflicción verá la luz,
    y quedará satisfecho al saberlo;
el justo siervo del Señor liberará a muchos,
    pues cargará con la maldad de ellos.
Por eso Dios le dará un lugar entre los grandes,
    y con los poderosos participará del triunfo,
porque se entregó a la muerte
    y fue contado entre los malvados,
cuando en realidad cargó con los pecados de muchos
    e intercedió por los pecadores (Isaías 53:1-13).

El Hijo —el que María concibió por el Espíritu Santo, el que nació en un establo de Belén, el que instruyó como niño, y el que siguió como la primera discípula en su tiempo en la tierra— cumplió la proclamación profética de Isaías. El «brazo del Señor» se reveló a través de Jesús. En Él, la fuerza y alcance del brazo de Dios excedió toda la revelación de los tratos de Dios con Israel. Este Dios, que reveló su poder trascendente y fuerza a Israel, vivió entre nosotros y abrazó en amor a todas las naciones del mundo.

En casa tengo un altar único. Es un librero, y en él ocupa un lugar prominente el *Leccionario* de la iglesia (que contiene lecturas bíblicas para la liturgia de cada día). También en esos anaqueles están los libros de *Liturgy of the Hours*, compilación de lecturas bíblicas arregladas de acuerdo al año eclesiástico. Junto con otros favoritos, estos libros especiales no sólo me guían en mis oraciones diarias, sino también me ayudan a unir mi voz a las voces de millones de otros que las han elevado por todo el mundo.

Sobre este altar cuelga una cruz, y a un lado hay una imagen de María llevando a Jesús en ella. Debajo de los Evangelios hay un crucifijo que he tenido por muchos años. En una de las muchas mudanzas de mi familia, se rompió el brazo derecho de Jesús. Ahora se halla junto al crucifijo. Lo veo cada mañana.

Recuerdo el día en que lo vi así. Al principio me entristecí, pero después me golpeó la riqueza del simbolismo. Percibí que el Señor quería que supiera algo más en cuanto a la fuerza de su brazo. Me recordó que nosotros, como creyentes cristianos, ahora somos su brazo derecho. Nosotros, su pueblo, somos llamados a abrazar al mundo con su amor redentor.

El amor es, después de todo, la fuerza real del brazo de Dios. No hay mayor poder en el mundo que el amor, porque Dios es amor. Uno de los grandes héroes de la iglesia cristiana indivisa, Bernardo de Claraval, escribió una vez del amor de Dios revelado en Jesús:

> El amor es suficiente en sí mismo, da placer por
> sí mismo, y debido a sí mismo. Tiene su propio mé-

rito, su propia recompensa. El amor no busca causa fuera de sí mismo, ni efecto más allá de sí mismo. Amo porque amo, y amo para poder amar. El amor es una gran cosa en tanto y en cuanto continuamente vuelva a su manantial, fluya de vuelta a su fuente, siempre sacando de allí el agua que constantemente lo vuelve a llenar ... el amor del Esposo, o más bien el amor que es el Esposo, no pide nada en pago sino amor fiel. Que el amado ame en pago. ¿No debería una esposa amar, y sobre todo, la esposa del Amor? ¿Es posible que no se ame al Amor?

En su *Magníficat*, María proclamó que Dios había mostrado gran fuerza con su brazo. Con el paso de los años ella llegaría a captar incluso más a fondo la profundidad de aquella revelación. Fue cada vez más clara por medio del que la llamaba madre: su Hijo y su Salvador, Jesucristo.

En la encarnación Dios tenía brazos humanos. Esos brazos abrazaron a María. Abrazaron a los que se pusieron a su servicio. Extendieron manos de amor a los ciegos, y a los que sufrían de lepra y otras enfermedades. Ayudaron a los paralíticos a ponerse de pie, y revivificaron a los muertos. Más poderosamente todavía, los brazos de Cristo se abrieron en amor voluntario en el árbol del Calvario.

El brazo derecho de Jesús es el mismo brazo derecho poderoso de que se habla en el Antiguo Testamento. Fue clavado en una cruz romana por amor a toda la raza humana. Sus terribles heridas nos trajeron sanación; su muerte nos dio vida nueva. Esta es la plenitud de la revelación de la

> SAN PABLO «SE GLORIÓ» DE SU DEBILIDAD ANTE LOS PRIMEROS CRISTIANOS DE CORINTO A FIN DE QUE SUPIERAN ALGO DE LA FUERZA DEL BRAZO DE DIOS.

verdadera fuerza. Esta fuerza, la clase de fuerza que viene al rendirse al amor de Dios, se ofrece a todos los que oran, obedecen y viven como María.

San Pablo «se glorió» de su debilidad ante los primeros cristianos de Corinto a fin de que supieran algo de la fuerza del brazo de Dios. Conocía sus propias debilidades y sabía que el brazo derecho del Señor nunca se había acortado para salvar (Isaías 59:1). Fue el Señor el que le dijo a Pablo en oración: «Mi amor es todo lo que necesitas; pues mi poder se muestra plenamente en la debilidad». Fue el Señor el que inspiró a Pablo a proclamar: «Prefiero gloriarme de ser débil, para que repose sobre mí el poder de Cristo. Y me alegro también de las debilidades, los insultos, las necesidades, las persecuciones y las dificultades que sufro por Cristo, porque cuando más débil me siento es cuando más fuerte soy» (2 Corintios 12:9-10).

Lo mismo es con todos nosotros. María reconoció su pequeñez y su debilidad. No presumió ante Dios. Por eso Dios pudo revelarle su brazo fuerte. Él hará lo mismo por nosotros, y por todos los que verdaderamente buscan su fuerza y, sobre todo, su amor.

# Capítulo catorce

# Arraigados
# en la realidad

*Deshizo los planes de los orgullosos (Lucas 1:51).*

Al orgullo humano, que se opone a la humildad santa, tradicionalmente se le ha considerado el pecado del cual brotan todos los demás. A veces al orgullo se le llama vanidad. El corazón humano es el lugar sagrado donde Dios quiere residir. Pero el orgullo es el ladrón que se roba esa residencia. La vanidad es el fraude que pone el ego, y la adoración del ego, como sustitutos de la adoración y el verdadero amor a Dios. El orgullo nace en el corazón que no se ha rendido. Causa desunión en uno tan ciertamente como el orgullo de Babel causó la desunión de las naciones. En la tradición cristiana de los siete pecados capitales, el orgullo es el más mortal de todos.

Algunas formas de espiritualidad cristiana son inauténticas debido a que, en cierto sentido, bautizan el orgullo y le dan justificación que suena a religiosa. El orgullo del legalismo, el orgullo de la justicia propia, el orgullo del engrandecimiento propio y el orgullo de la apariencia externa llevan al error de los fariseos. Su arrogancia fue una ofensa para Jesús. El mismo error se repite entre los exageradamente celosos de toda época.

En profundo contraste con el orgullo y arrogancia humana se levanta la Virgen de Nazaret. Después de la anunciación, cuando el ángel la invitó a ser el instrumento escogido de Dios para la encarnación de su Hijo, y su plan para redimir al mundo, María bien pudo haberse sentido inundada de importancia propia. Podría haber decidido hacer saber a sus amigas, parientes y conciudadanos, una cosa o dos en cuanto a su nuevo papel como favorita de Dios. Sobra decir que no lo hizo. Más bien, su canto de alabanza a Dios, su *Magníficat*, ofreció un retrato encantador de su humildad incuestionable. Se recuerda a María por su espíritu humilde. Esto, como hemos visto, no se basa en una falta de autoestima, sino más bien en su noción reverente y clara de quién es Dios.

El orgullo es enemigo del amor. C. S. Lewis escribió: «De acuerdo a los maestros cristianos, el vicio esencial, el mal máximo, es el orgullo. La impureza, la ira, la avaricia, la borrachera, y todo eso, son meras insignificancias en comparación. Fue por el orgullo que el diablo llegó a ser diablo. El orgullo lleva a todo los demás vicios; es el estado mental completamente contrario a Dios».

> EL ORGULLO LLEVA A TODOS LOS DEMÁS VICIOS; ES EL ESTADO MENTAL COMPLETAMENTE CONTRARIO A DIOS.
> —C. S. LEWIS.

Una mente orgullosa no permanece neutral, no puede estarlo. Los que están llenos de orgullo empiezan a ponerse en lugar de Dios, y hacen del orgullo una puerta a la idolatría. El catecismo católico enseña: «El odio a Dios viene del orgullo. Es contrario al amor de Dios, cuya bondad niega, y a quien presume maldecir porque prohíbe los pecados y aplica castigos».

El cristianismo oriental, ortodoxo y católico, habla del amor de Dios como el antídoto al orgullo. «Un festival para el hombre espiritual», escribe San Efraín de Siria, «es la observancia de los mandamientos divinos, y su consolación es la abstinencia del mal. Su orgullo es el temor de Dios, su verdadero gozo es el día cuando el Rey celestial lo llama para heredar las riquezas internas». Este pasaje de *The Desert Fathers* enseña que una vida de humildad ante Dios es el llamado de todo hombre y mujer.

¿De dónde viene el orgullo? Su raíz está en la imaginación. Como otros pecados, nuestras malas acciones empiezan con pensamientos errados. El mal nace de nuestros pensamientos, en donde tramamos contra otros, concebimos escenas que los degradan y humillan a fin de exaltarnos nosotros mismos. ¡Cuán a menudo las excursiones a la fantasía se centran en la autoglorifi-cación! Suspiramos porque nos admiren, aplaudan y aclamen. Concebimos escenarios en los que somos el centro de atención. Pero María nos dice que los orgullosos de mente y corazón serán dispersados.

¿Quiénes nos creemos que somos? ¿Qué clase de gloria especí-fica nos llena de entusiasmo y deseo, y alimenta nuestra vanidad y orgullo? ¿Queremos ser heroicos, inteligentes, hermosos, famosos, fuertes, seductores, elocuentes, ricos o poderosos? ¿Cómo nos vemos cuando soñamos despier-tos? No es que dejamos a Dios completamente fuera de nuestra imaginación. Más bien pensamos que Él canta nuestras alabanzas junto con todos los demás.

San Pablo escribió dos car-tas a los cristianos de Corinto.

> ¿CÓMO NOS VEMOS CUANDO SOÑAMOS DESPIERTOS? NO ES QUE DEJAMOS A DIOS COMPLETAMENTE FUERA DE NUESTRA IMAGINACIÓN. MÁS BIEN PENSAMOS QUE ÉL CANTA NUESTRAS ALABANZAS JUNTO CON TODOS LOS DEMÁS.

Nada diferente de sus contemporáneos occidentales, los corintios estaban llenos de orgullo por sus logros. Su ciudad era próspera, y creían que había alcanzado lo máximo de la visión y logro huma-nos. San Pablo instruye a los cristianos de la antigua Corinto a re-sistir el pecado del orgullo:

> Como dice la Escritura: «Haré que los sabios pierdan su sabiduría y que desaparezca la inteligen-cia de los inteligentes». ¿En qué pararon el sabio, y el maestro, y el que sabe discutir sobre cosas de este mundo? ¡Dios ha convertido en tontería la sabiduría de este mundo! ... Pues lo que en Dios puede parecer una tontería, es mucho más sabio que toda sabiduría humana; y lo que en Dios puede parecer debilidad,

es más fuerte que toda fuerza humana. (1 Corintios
1:19-20, 25).

La predicación de los primeros apóstoles es epítome de esta
realidad. ¿Cómo pudieron once hombres sin educación, que na-
cieron y se criaron en un remoto rincón del mundo antiguo, concebir la idea radical de una fe transformadora en la que Dios
muere por amor? Al principio del ministerio de Jesús estos hombres probablemente nunca habían estado en una ciudad o plaza
pública. ¿Cómo pudieron ellos pensar en disponerse a cambiar el
curso de la historia mundial transformando uno a uno los corazones humanos?

Inicialmente los discípulos fueron hombres temerosos y tí-
midos. Cuando arrestaron a Cristo, todos huyeron, a pesar de las
profundas palabras que habían oído, los milagros que habían visto
y la continua presencia de Aquel con quien habían vivido durante
tres años. Añadiendo insulto al dolor, Pedro, que había sido el líder más fuerte aparte de Jesús mismo, negó haber conocido a
Jesús de Nazaret.

La verdad es que los caminos de Dios siempre ponen al mundo patas arriba. Los discípulos jamás se habrían imaginado que
tendrían suficiente elocuencia, mediante el poder del Espíritu
Santo, para predicar el mensaje de Cristo en centros cosmopoli-
tas y sofisticados como Atenas, Éfeso y Roma. Cuando las cosas
se ponían difíciles, todo lo que podían prever era volver a su oficio
de pescadores. ¿Cómo podían haber concebido la idea de verse a
sí mismos valientemente enfrentando muertes brutales y violen-
tas por amor a Jesús? Ya a finales del primer siglo todos ellos, excepto San Juan el apóstol amado, habían vivido sacrificadamente
y habían muerto como mártires por causa del evangelio. ¿Quién
podría haber imaginado eso?

María, que trabajó junto a aquellos primeros discípulos, no se
engañó para pensar que ella de alguna manera se había convertido

en alguien importante y significativa. Sabía quién era porque conocía quién era Dios. Desde el principio, se vació de sí misma. Era humilde. Estaba enraizada en la realidad, porque no se puede ser más real que el mismo Dios. El mundo fue creado por Él y el cosmos se arraiga en Él. Él es el Verbo de Dios hecho carne humana (Juan 1:1-4).

María conocía a aquel Verbo por nombre. Llevó en su vientre al Verbo hecho carne, cerca de su corazón, por nueve meses. Dio a luz a Jesús en un establo, en donde humildemente Él entró en un mundo ebrio de orgullo. Él pasó sus últimos tres años virtualmente indigente, sin tener «donde recostar la cabeza» (Lucas 9:58), y continuamente enfrentó rechazo y amenazas. Finalmente sufrió la cruz. Y al hacerlo, dispersó a los orgullosos y enalteció a los humildes.

Esa cruz sigue siendo el lugar donde se reúnen los seguidores de Cristo, humildes y agradecidos de estar cerca de Él, hechos un nuevo pueblo por la sangre y agua que brotaron de su costado abierto. Allí nos unimos a María, al discípulo amado, Juan, y a la familia extendida del Señor. Él nos llama a que vayamos a Él, porque es manso y humilde de corazón. En Él hallamos liberación de nuestros anhelos de significación. Hallamos reparación para nuestras imaginaciones enfermas por el pecado. Hallamos descanso para nuestras almas.

Un hermano ortodoxo escribe:

¿Dónde moras, oh alma humilde; y quién vive en ti; o a qué te asemejaré?

Ardes brillantemente, como el sol, y no te consumes; pero con tu calor calientas a todos.

A ti te pertenece la tierra de los mansos, según la palabra del Señor.

Tú eres como un huerto florecido, en el corazón

del cual hay un hogar espléndido, en donde al Señor le encanta habitar.

A ti te aman el cielo y la tierra.

A ti te aman los santos apóstoles, profetas, jerarcas y venerables.

A ti te aman los ángeles, serafines y querubines....

A ti el Señor te ama y se regocija por ti. (El venerable Starets Siluan de Monte Atos).

CAPÍTULO QUINCE

# CÓMO VIVIR
# EN EL REINO

Derribó a los reyes de sus tronos y puso en alto a los
humildes (Lucas 1:52).

Al ver la multitud, Jesús subió al monte y se sentó.
Sus discípulos se le acercaron, y él tomó la palabra y
comenzó a enseñarles, diciendo:
Dichosos los que tienen espíritu de pobres,
     porque de ellos es el reino de los cielos.
Dichosos los que sufren,
     porque serán consolados.
Dichosos los humildes,
     porque heredarán la tierra prometida.
Dichosos los que tienen hambre y sed de la justicia,
     porque serán satisfechos.
Dichosos los compasivos,
     porque Dios tendrá compasión de ellos.
Dichosos los de corazón limpio,
     porque verán a Dios (Mateo 5:1-8).

Cuando Jesús reunió a sus discípulos y les enseñó la lección que ahora conocemos como las Bienaventuranzas, estaba proclamando para siempre los principios de su reino, conectando las grandes necesidades de su pueblo con las bendiciones espirituales abundantes que recibirían de su mano. Estos principios fueron revolucionarios, y pusieron de cabeza la sabiduría del mundo.

No muchos años más tarde, después de que Jesús volviera al Padre celestial, se dijo de los mismos discípulos que «trastornaban el mundo» con su predicación (Hechos 17:6). Aquellos hombres fueron, en su mayor parte, aldeanos con poca educación formal. Nunca se les conoció por su abolengo académico o habilidades oratorias. Sin embargo, con su mensaje cambiaron al mundo.

Lo mismo se puede decir de María, la virgen de Nazaret. Con poca fanfarria y tan pocas palabras, ella trastornó el mundo. Los poderosos todavía son derribados de sus tronos por las lecciones de su obediencia, y por la obra del «fruto de su vientre»: Jesús (Lucas 1:42). El reino de los cielos todavía trastorna los reinos de este mundo y convierte en necedad la sabiduría del mundo.

La palabra que se traduce «reino» se puede traducir también, y tal vez más acertadamente, «reinado». El reinado de Jesucristo consuela a los afligidos, da herencia a los mansos, sacia a los que tienen hambre y sed espiritual, misericordia a los misericordiosos, y riquezas de bendiciones a los pobres en espíritu. El reino de Cristo ensalza a los desvalidos y derriba a los que se apoyan en el poder del mundo. Al contemplar estas cosas llegamos a ver que la humildad es encantadora para el Señor.

María entendió esta verdad. También entendió la primacía de ser sobre hacer. La razón de su vida fue primero, siempre y para siempre su relación con Dios. No se le recuerda por sus muchas actividades ni por sus grandes logros. Fue su humildad, su afecto desprendido por el Señor, lo que la hizo muy amada para Él. Ella no tenía trono que reclamar, ni reino personal que proteger. Sólo reconoció un trono y un reino: el que pertenecía al Dios que la llamó, la redimió y se reveló por medio de ella. Ella amó al Rey de reyes, y entendió que su reino se esparce por medio de los que andan en el camino de la mansedumbre, la pobreza de espíritu y la humildad. Nos apoyamos en el poder de Dios, y no en el nuestro.

A veces somos tentados a pensar que nuestros esfuerzos en realidad extienden el reino. Esto no es verdad. Simplemente estamos invitados a *participar* mientras Jesús continúa su misión redentora. Él nos invita a su obra, pero no necesita nuestra ayuda. Sólo nos pide que nos vaciemos de nosotros mismos a fin de que nos llene la gracia que fluye de Él. Al cooperar con Él, esa gracia nos transforma a nosotros y a los que nos rodean.

María es un ejemplo de esa clase de amor que se vacía a sí mismo. Como hemos visto, este derramamiento de uno mismo se revela perfectamente en Jesucristo, quien se vació a sí mismo y tomó forma de siervo (Filipenses 2:7). Se nos llama a vivir de la misma manera. La vida del reino, en verdad, absolutamente no es cuestión de nosotros, sino de Él. Necesitamos dejar nuestros tronos terrenales y ser humildes. Necesitamos abandonar nuestros campos de control, deponer nuestros derechos personales y convertirnos en peregrinos que anhelan «una mejor patria, celestial» (Hebreos 11:16).

Esta acción de derribar a los poderosos y elevar los humildes se contrapone a la idolatría de poder, control e influencia que ha cundido en nuestra cultura contemporánea y desafortunadamente ha infectado a algunas de las expresiones religiosas en nuestra época. El ejemplo de María no se ajusta al espíritu de la edad, a la adicción al poder humano. Hoy incluso la religión cristiana puede convertirse en una forma de autoexaltación disfrazada de piedad.

Anoche encendí el televisor porque no podía dormir. Reflexionaba en los sucesos recientes, y trataba de poner en alguna perspectiva la enfermedad de un amigo. Al escuchar algunas de las cacareadas fórmulas cristianas para la salud, la riqueza y la felicidad fingida que se transmitían, mis pensamientos volvieron a la vida de María, al ministerio de Jesús y a la manera que Dios tiene de convertir nuestra debilidad humana en su fuerza. No podemos salvarnos por nuestra fuerza, sino sólo por su misericordia.

Durante la enfermedad de mi amigo, oí a cristianos sinceros de varias tradiciones insistir en que su enfermedad era una forma de ataque demoníaco. Estaban convencidos que de cierta manera el diablo estaba tratando de impedir que un joven líder talentoso hiciera una obra importante. Sin embargo, cada vez que alguien que me rodea ve al diablo, yo veo la cruz. Cada vez que alguien «toma autoridad», yo me siento impulsado a suplicar misericordia. El estribillo del Salmo 136 inundaba mis días y noches mientras yo, como muchos otros guardaba vigilia. «Porque para siempre es su misericordia», clamaba de corazón (Salmo 136, RVR-60).

A fin de cuentas, la misericordia de Dios triunfó sobre la adversidad en la vida de mi amigo. Siempre lo hace. Hay poder real en el reino al que hemos sido llamados. Podemos descansar seguros de que cualquiera que sea el complot diabólico que el enemigo de nuestras almas lanza para derrotarnos, Dios lo permite sólo para nuestro bien. Dios puede usar cualquier cosa para el avance del reino de Cristo, el reino de nuestro Señor. Pero esto es posible sólo cuando dejamos a un lado nuestra propia fuerza, nos humillamos ante la cruz, y nos apoyamos totalmente en Él.

Ciertamente en ese día oscuro y gris cuando nuestro Salvador colgaba en aquel brutal instrumento de tortura, que el imperio romano reservaba para los peores criminales, parecía que la derrota del reino de Dios finalmente había tenido lugar. Había tres cruces en aquella colina. En una cruz colgaba un ladrón cuyo corazón estaba helado y concentrado en su sufrimiento y desvalidez. En otra cruz colgaba un ladrón que reconoció su culpa y buscó la misericordia de Cristo. También estaba la cruz de Jesús, el altar del amor puro, el lugar en donde el cielo se unió a la tierra. La misericordia de Dios, manifestada en la muerte y resurrección de su Hijo, sigue derribando de su trono a los gobernantes pero enalteciendo a los humildes (Lucas 1:52).

Un cristiano muy querido y santo me llamó cuando se enteró de la enfermedad de nuestro amigo mutuo. Acababa de cumplir sesenta y siete años, y también tenía su salud quebrantada. Me dijo que iba a pasar la noche en oración, y lo hizo. Al día siguiente, cuando llamó para saber cómo estaba el enfermo, me contó su oración. A las tres de la mañana había clamado: «Señor, he vivido sesenta y siete años. He sido un pecador infiel. Sin embargo, me has colmado de las más grandes bendiciones. Por favor, Señor, nuestro amigo tiene sólo treinta y un años, y tiene mucho para dar en tu servicio. Señor: si es posible, ¡llévame a mí en lugar de a él!»

Lloré cuando oí la oferta, porque conocía el corazón de dónde procedía. Sabía que era epítome del espíritu de las Bienaventuranzas, y expresaba el amor que puede trastornar al mundo. Pude decirle a este hombre que la misericordia de Dios había prevalecido, y que nuestro joven amigo estaba recuperándose. Pude agradecerle por la sinceridad de su intercesión; fue una oración que demostraba el amor de la cruz.

Al pensar en los caminos de Dios, y en las promesas que ha dado a los pobres de espíritu, a los mansos, los misericordiosos y los puros de corazón, nuestra mente vuelve a María. Ella continúa brillando como nuestro ejemplo. Ella, la primera de los discípulos, nos recuerda la manera de Dios de enaltecer a los humildes.

Ella merece nuestra gratitud. Ella merece honor por su obediencia. Merece que se le recuerde por su humildad. Pero, como Aelred de Rielvaux predicaba a sus colegas monjes en el siglo XII:

> ... si la alabamos con nuestra voz no la insultemos con nuestra conducta. No finjamos alabarla sino hagámoslo de verdad ... alabar verdaderamente la humildad de Santa María es hacer todo lo que podamos para cultivar humildad ... alabar verdaderamente su caridad es dirigir todos nuestros pensamientos y energía al amor perfecto de Dios y del prójimo.

# CAPÍTULO DIECISÉIS

# CÓMO PARTICIPAR EN LA ECONOMÍA DEL CIELO

*Llenó de bienes a los hambrientos y despidió a los ricos con las manos vacías (Lucas 1:53).*

María vivió con sencillez. Hoy, en contraste profético a nuestro exceso occidental, su vida humilde nos recuerda que la sencillez es una senda a la santidad, la felicidad y la libertad. La sencillez no tiene que ver con la cantidad de bienes terrenales que podamos tener. Jesús dijo: «Donde esté tu riqueza, allí estará también tu corazón» (Mateos 6:21). La cuestión planteada por la testigo de sencillez santa tiene que ver con nuestra relación con los bienes de la tierra: ¿los poseemos nosotros o ellos nos poseen a nosotros? En verdad, Dios es el dueño de todo, y nosotros somos simplemente sus mayordomos.

La sencillez de María está en contraste con dos conceptos errados que surgen en toda época. Tienen que ver con nuestra relación a nuestras posesiones, las cosas a las que el pensamiento cristiano clásico se refiere como bienes de la tierra. En un extremo está una aceptación errada de la pobreza económica a nombre de una espiritualidad que ve las riquezas y los bienes materiales como de alguna manera intrínsecamente malos. Aunque algunos creyentes son llamados a aceptar voluntariamente la pobreza económica como parte de una vocación, la mayoría de nosotros vivimos en el mundo material de cuentas, posesiones y retos financieros. Debemos hacerlo con gratitud y libertad en el Señor.

La materia no es mala. ¿Cómo podría serlo cuando el cuerpo terrenal de Jesús estaba formado de materia? Pensar tal cosa es entender mal su encarnación y la resurrección del cuerpo, que tendrá lugar en un nuevo cielo y una nueva tierra. En su primera carta, el amado discípulo Juan escribió: «Hemos llegado a saber y creer que Dios nos ama. Dios es amor, y el que vive en el amor, vive en Dios y Dios en él. De esta manera se hace realidad el amor en nosotros, para que en el día del juicio tengamos confianza; porque nosotros somos en este mundo tal como es Jesucristo» (1 Juan 4:16-17).

Nuestra relación con este mundo debería reflejar la del Hijo de Dios a quien seguimos. Uno de los grandes teólogos del siglo XX, Hans Urs von Balthasar, escribió de la relación con la materia en estas profundas palabras: «En Jesucristo, Dios ha grabado su nombre en la materia; lo ha inscrito tan profundamente que no se puede borrar, porque la materia lo tomó en lo más profundo de su ser».

El otro error a menudo se manifiesta en lo que se ha rotulado como el evangelio de la prosperidad, que equipara el favor de Dios con la riqueza económica. Se basa en una falsa ecuación de que mientras más dinero poseamos, más poder espiritual tenemos, y más podemos ver que Dios nos favorece.

> MARÍA COMPRENDIÓ QUE CUANDO UNO TIENE AL SEÑOR, LO TIENE TODO. ELLA VIVÍA EN LA ECONOMÍA CELESTIAL, Y SI QUEREMOS, NOSOTROS TAMBIÉN PODEMOS VIVIR ALLÍ.

Muchos de los judíos del día de Jesús creían que el favor de Dios garantizaba riqueza y prosperidad. Pero la vida de Jesús dice una historia diferente. Nació en un pesebre. Como adulto, no tenía «donde recostar la cabeza» (Lucas 9:58). Se crió en un hogar sencillo, con una mujer cuyo corazón reconocía la verdadera riqueza. Recuerden las palabras que el ángel le dijo a María cuando ella le preguntó cómo sería que ella llevaría en su vientre al Mesías: «Para Dios no hay nada imposible» (Lucas 1:37). María comprendió que cuando uno tiene al Señor, lo tiene todo. Ella vivía en la economía celestial, y si queremos, nosotros también podemos vivir allí.

Al redescubrir nuestra relación apropiada con los bienes de la tierra —ni rechazándolos por completo, ni deseándolos de todo corazón— hallaremos verdadera libertad en Jesucristo.

El testimonio de la sencillez de María demuestra la libertad que viene de una relación con la fuente de todo lo bueno, el Señor. Escoger vivir en sencillez nos ayuda a hallar libertad de la idolatría materialista, y deja libre el camino para que participemos en la obra redentora del que todavía sacia con buenas cosas el hambre. El dinero no es malo. Tampoco es prueba de la bendición y favor de Dios; noción que insulta a los cristianos que luchan diariamente por sobrevivir. Ambos errores se quedan cortos de la verdad, y están enraizados en un cimiento errado. Se centran en uno mismo en lugar de en Dios y los demás.

El apóstol Pablo le escribió dos cartas a Timoteo, un joven discípulo que había sido colocado en el liderazgo de la comunidad cristiana en Éfeso, ciudad conocida por su riqueza y lujo. San Pablo, que viajó allí para iniciar una iglesia cristiana, conocía que esos nuevos creyentes cristianos enfrentarían ciertos peligros al lidiar con la riqueza. Le recordó a Timoteo:

> Y claro está que la religión es una fuente de gran riqueza, pero solo para el que se contenta con lo que tiene. Porque nada trajimos a este mundo, y nada podremos llevarnos; si tenemos qué comer y con qué vestirnos, ya nos podemos dar por satisfechos. En cambio, los que quieren hacerse ricos caen en la tentación como en una trampa, y se ven asaltados por muchos deseos insensatos y perjudiciales, que hunden a los hombres en la ruina y la condenación. Porque el amor al dinero es raíz de toda clase de males; y hay quienes, por codicia, se han desviado de la fe y se han causado terribles sufrimientos. Pero tú, hombre de Dios, huye de todo esto. Lleva una vida de rectitud, de piedad, de fe, de amor, de fortaleza en el

sufrimiento y de humildad de corazón (1 Timoteo 6:6-11).

¿Cuántas veces hemos oído: «El *dinero* es la raíz de todos los males»? Eso no es lo que el apóstol enseñó. La frase «amor al dinero» es importante porque habla de cuestiones del corazón (1 Timoteo 6:10). Cuando amamos los bienes de la tierra más que al que los creó, cometemos el pecado de idolatría. Una persona destituida puede estar tan obsesionada con el dinero como el más codicioso acaparador. María nos ayuda a ver que una vida de sencillez es el antídoto contra cualquier noción desordenada de los bienes terrenales.

En otra de sus cartas, a los cristianos de Filipos, San Pablo explicó más su propia opinión sobre las cosas materiales: «Sé lo que es vivir en la pobreza, y también lo que es vivir en la abundancia. He aprendido a hacer frente a cualquier situación, lo mismo a estar satisfecho que a tener hambre, a tener de sobra que a no tener nada» (Filipenses 4:12). Pablo estaba libre del amor al dinero.

Los Evangelios de Mateo, Marcos y Lucas describen un encuentro de Jesús con un joven rico. Aquel hombre había seguido fielmente los mandamientos desde su juventud, pero Jesús le dijo que su piedad no era suficiente. Le instruyó que dejara sus posesiones y le siguiera. Leemos que el hombre rehusó y se fue triste debido a que sus posesiones lo poseían a él. Considere estas aleccionadoras palabras: «Jesús dijo entonces a sus discípulos:

"Les aseguro que difícilmente entrará un rico en el reino de los cielos. Les repito que es más fácil para un camello pasar por el ojo de una aguja, que para un rico entrar en el reino de Dios". Al oírlo, sus discípulos se asombraron más aún, y decían: "Entonces, ¿quién podrá salvarse?" Jesús los miró y les contestó: "Para los hombres esto es imposible, pero para Dios todo es posible"» (Mateo 19:23-26). De nuevo recordamos las palabras del ángel: «Para Dios no hay nada imposible» (Lucas 1:37).

El amor desordenado a las cosas es rampante en nuestros días, y muchos están siendo envenenados por él. Felizmente, en algunos círculos cristianos evangélicos hallamos una resurgencia saludable de interés en las disciplinas espirituales, lo que constituye un antídoto para los errores del evangelio de la prosperidad. De modo similar, en las tradiciones católica y ortodoxa, tenemos una resurgencia de la espiritualidad clásica. La virgen de Nazaret sirve como modelo para todos los creyentes de nuestra era. El tesoro de María fue siempre el Hombre que llevó en su vientre y lo dio a luz para el mundo y lo siguió toda su vida.

Cuando empezamos a reconocer nuestra pobreza de espíritu, podemos vivir vidas que dependen totalmente de Jesús, que es el Pan de Vida. Sólo Él puede saciar el hambre del corazón humano. Sólo Él puede ocupar el lugar en nuestro interior que está reservado para la adoración y completa devoción. Cuando le tenemos a Él, lo tenemos todo, aunque tal vez no poseamos nada. Cuando llegamos a ver que todo en nuestra vida es un don que hay que devolverlo al Dador, empezamos a entender el camino de la sencillez. Sólo entonces el Señor, que es la fuente de todo bien terrenal, puede confiárnoslos. Sólo entonces descubrimos el secreto de la economía celestial: los que viven en sencillez son los más ricos de la tierra. Jesús los llamó pobres de espíritu. Les prometió bienaventuranza. Proclamó que el reino de los cielos les pertenece (Mateo 5:3).

# CAPÍTULO DIECISIETE

# CÓMO CONTINUAR
# LA MISIÓN

*Ayudó al pueblo de Israel, su siervo, y no se olvidó de tratarlo con misericordia. Así lo había prometido a nuestros antepasados, a Abraham y a sus futuros descendientes. (Lucas 1:54-55)*

Esta última porción del canto de María nos recuerda la memoria de Dios: el Dios que siempre cumple su palabra. Cuando Dios hace un pacto con su pueblo, fielmente cumple sus promesas a todas las generaciones. El Padre eterno que invitó a María a participar en sus planes para el mundo es un Dios que obra por medio de familias. De hecho, su deseo supremo es adoptar a la raza humana entera en una relación familiar de amor consigo mismo, con su Hijo, y de unos con otros.

San Pablo les escribió a los Gálatas: «Pero cuando se cumplió el tiempo, Dios envió a su Hijo, que nació de una mujer, sometido a la ley de Moisés, para rescatarnos a los que estábamos bajo esa ley y concedernos gozar de los derechos de hijos de Dios. Y porque ya somos sus hijos, Dios mandó el Espíritu de su Hijo a nuestros corazones; y el Espíritu clama: "¡Abba! ¡Padre!"» (Gálatas 4:4-6).

Como hija del antiguo pacto, María captó por fe su más hondo significado. Debido a eso pudo traer el nuevo pacto al mundo. Fue verdaderamente hija de Abraham, a quien el Nuevo Testamento nos recuerda como el padre de nuestra fe (Romanos 4:16; Santiago 2:21). María, la hija de Abraham, llega a ser madre de la nueva humanidad, y de todos los que nacen de nuevo en su Hijo. Ella concluye su canto con el recuerdo del antiguo pacto entre Dios y su antiguo pueblo hebreo. También se revela como participante en el nuevo pacto, que ha sido puesto a disposición de todas las naciones del mundo.

La madre de nuestro Redentor desempeñó un papel irreemplazable en el desarrollo del plan de salvación del Padre, y en el cumplimiento de su promesa a las generaciones. Como judía fiel, María no sólo sabía la promesa de liberación por medio del Mesías de Israel, sino que también anhelaba esa liberación. El libro de Génesis, el primer libro de la Biblia, repetidamente usa la palabra hebrea *toledot*. Se puede traducir «generaciones», y procede de la raíz hebrea que denota dar a luz.

Por todo el Antiguo Testamento Dios revela un patrón de obrar por medio de familias, una generación tras otra. Todavía es así para los que verdaderamente entienden las raíces judías de la fe cristiana, y por esa fe nosotros, también, ahora pertenecemos a la progenie de Abraham. María fue hija del pacto de Dios con Abraham, y llevó su cumplimiento en el Hijo, nuestro Salvador. El Hijo que María trajo al mundo ha cumplido todas las promesas de Dios para Abraham y su posteridad: «Por medio de ti bendeciré a todas las familias del mundo» (Génesis 12:3). En el *Magníficat* María canta su alabanza a este Dios que habló a «nuestros padres» y que todavía recuerda su pacto. Canta de pura alegría, celebrando su papel singular como madre de la nueva humanidad que nacería de nuevo en su Hijo. Cuán asombrada estaba ella de que la antigua profecía se cumpliera por medio de ella, una campesina humilde de Nazaret.

> MARIA NO SÓLO SABÍA LA PROMESA DE LIBERACIÓN POR MEDIO DEL MESÍAS DE ISRAEL, SINO QUE TAMBIÉN ANHELABA ESA LIBERACIÓN.

Hoy, por medio del Hijo de Dios podemos entrar en el cumplimiento de la promesa de Dios a las generaciones. Nos unimos a las *toledot*, la familia de Jesús. Su iglesia ha llegado a ser la nueva familia de la fe. Tal como el pueblo del antiguo pacto pasó por las murallas de agua en el Mar Rojo, nosotros somos librados de la esclavitud del pecado al pasar por las aguas del bautismo. Al morir con Jesús y resucitar con Él a novedad de vida, somos hechos libres para vivir como parte de la familia de Dios.

En el Nuevo Testamento leemos esto:

> Tener fe es tener la plena seguridad de recibir lo que se espera; es estar convencidos de la realidad de cosas que no vemos. Nuestros antepasados fueron aprobados porque tuvieron fe ... Por fe, Abraham, cuando Dios lo llamó, obedeció y salió para ir al lugar que él le iba a dar como herencia. Salió de su tierra sin saber a dónde iba, y por la fe que tenía vivió como extranjero en la tierra que Dios le había prometido. Vivió en tiendas de campaña, lo mismo que Isaac y Jacob, que también recibieron esa promesa. Porque Abraham esperaba aquella ciudad que tiene bases firmes, de la cual Dios es arquitecto y constructor. Por fe también, aunque Sara no podía tener hijos y Abraham era demasiado viejo, este recibió fuerzas para ser padre, porque creyó que Dios cumpliría sin falta su promesa. Así que Abraham, aunque ya próximo al fin de sus días, llegó a tener descendientes tan numerosos como las estrellas del cielo y como la arena de la orilla del mar, que no se puede contar (Hebreos 11:1-2, 8-12).

María desempeñó un papel profundo en este gran legado de fe. Por fe le dijo que sí al anuncio de Jesús del nuevo pacto. Por fe estuvo dispuesta a soportar la desgracia de ser madre soltera. Por fe enfrentó un dolor de corazón cada vez creciente al ver a su Hijo amado acercarse cada vez más al Calvario. Por fe estuvo a la sombra de la cruz, y como su antepasado Abraham, «creyó en esperanza contra esperanza» (Romanos 4:18, RVR-60).

Hoy, por fe, la historia continua. Gracias a la obediencia de María y a la gracia de Dios, nosotros también somos ahora la posteridad de Abraham. Somos la *toledot* de Jesucristo. Por la fe de sus padres, la virgen de Nazaret ocupó su lugar en el plan de Dios para redimir al mundo. Por fe nosotros continuamos su misión al llevar al Hijo de Dios a nuestros hijos, nietos y a todos los que siguen. Con ella recordamos la misericordia del Padre, misericordia que nunca acaba y que Él continúa derramando sobre todas las generaciones.

PARTE TRES

# El camino
# de María

BENDITA TÚ ENTRE LAS MUJERES; PORQUE ENTRE LAS MUJERES SOBRE CUYO VIENTRE EVA, QUE FUE MALDECIDA, TRAJO CASTIGO, MARÍA, SIENDO BENDECIDA, SE REGOCIJA, ES HONRADA, Y SE LE TIENE COMO MODELO. Y AHORA LA MUJER POR GRACIA ES VERDADERAMENTE HECHA LA MADRE DE LOS QUE VIVEN, QUE HABÍA SIDO POR NATURALEZA LA MADRE DE LOS QUE MUEREN...

PORQUE EN EVA, TODAVÍA VIRGEN, SE HABÍA INTRODUCIDO LA PALABRA QUE FUE LA QUE MARCÓ LA MUERTE. IGUALMENTE EN UNA VIRGEN IBA A SER INTRODUCIDO EL VERBO DE DIOS QUE FUE EL CONSTRUCTOR DE LA VIDA; PARA QUE SI POR ESE SEXO HABÍA IDO A PERDICIÓN, POR ESE MISMO SEXO PUDIERA SER TRAÍDO DE REGRESO A SALVACIÓN. EVA HABÍA CREÍDO A LA SERPIENTE; MARÍA CREYÓ A GABRIEL; LA FALTA QUE UNA COMETIÓ AL CREER, LA OTRA AL CREER LA BORRÓ.

—TERTULIANO (160-240 D.C.).

LOS CIELOS SIENTEN TEMOR REVERENCIAL HACIA DIOS, LOS ÁNGELES SE ESTREMECEN ANTE ÉL, LA CRIATURA NO LO SUSTENTA, LA NATURALEZA NO LE BASTA, Y SIN EMBARGO UNA VIRGEN LO TOMA, RECIBE, ATIENDE, COMO HUÉSPED EN SU PECHO, PARA QUE, POR EL ALQUILER DE SU HOGAR, COMO PRECIO DE SU VIENTRE, PIDE Y OBTIENE PAZ PARA LA TIERRA, GLORIA PARA LOS CIELOS, SALVACIÓN PARA LOS PERDIDOS, VIDA PARA LOS MUERTOS, UNA PATERNIDAD CELESTIAL PARA LOS TERRENALES, LA UNIÓN DE DIOS MISMO CON LA CARNE HUMANA.

—SAN PEDRO CRISÓLOGO, OBISPO DE RAVENA (400-500 D.C.)

# Capítulo dieciocho

# La presentación

## *La obediencia de una familia*

*A los ocho días circuncidaron al niño, y le pusieron por nombre Jesús, el mismo nombre que el ángel le había dicho a María antes que ella estuviera encinta. Cuando se cumplieron los días en que ellos debían purificarse según la ley de Moisés, llevaron al niño a Jerusalén para presentárselo al Señor. Lo hicieron así porque en la ley del Señor está escrito: «Todo primer hijo varón será consagrado al Señor». Fueron, pues, a ofrecer en sacrificio lo que manda la ley del Señor: un par de tórtolas o dos pichones de paloma. En aquel tiempo vivía en Jerusalén un hombre que se llamaba Simeón. Era un hombre justo y piadoso, que esperaba la restauración de Israel. El Espíritu Santo estaba con Simeón, y le había hecho saber que no moriría sin ver antes al Mesías, a quien el Señor enviaría. Guiado por el Espíritu Santo, Simeón fue al templo; y cuando los padres del niño Jesús lo llevaron también a él, para cumplir con lo que la ley ordenaba, Simeón lo tomó en brazos y alabó a Dios, diciendo:*

*«Ahora, Señor, tu promesa está cumplida:*
*puedes dejar que tu siervo muera en paz.*

*Porque ya he visto la salvación*
*que has comenzado a realizar*
*a la vista de todos los pueblos,*
*la luz que alumbrará a las naciones*
*y que será la gloria de tu pueblo Israel».*

*El padre y la madre de Jesús se quedaron admirados al oír lo que Simeón decía del niño. Entonces Simeón les dio su bendición, y dijo a María, la madre de Jesús: «Mira, este niño está destinado a hacer que muchos en Israel caigan o se levanten. Él será una señal que muchos rechazarán, a fin de que las intenciones de muchos corazones queden al descubierto. Pero todo esto va a ser para ti como una espada que atraviese tu propia alma». También estaba allí una profetisa llamada Ana, hija de Penuel, de la tribu de Aser. Era ya muy anciana. Se casó siendo muy joven, y había vivido con su marido siete años; hacía ya ochenta y cuatro años que se había quedado viuda. Nunca salía del templo, sino que servía día y noche al Señor, con ayunos y oraciones. Ana se presentó en aquel mismo momento, y comenzó a dar gracias a Dios y a hablar del niño Jesús a todos los que esperaban la liberación de Jerusalén. Después de haber cumplido con todo lo que manda la ley del Señor, volvieron a Galilea, a su propio pueblo de Nazaret. Y el niño crecía y se hacía más fuerte, estaba lleno de sabiduría y gozaba del favor de Dios (Lucas 2:21-40).*

La presentación de Jesús en el templo es una historia de obediencia, un estudio de las bendiciones que siguen a la entrega de amor a Dios en la vida de los fieles. Dios exige y merece obediencia. Sin embargo, en la economía de Dios la libertad siempre acompaña a la obediencia: debemos *escoger* la obediencia. Cuando lo hacemos, pavimentamos la senda de nuestra propia transformación.

Aunque lo que Dios espera es que obedezcamos su Palabra, nuestra respuesta voluntaria de obediencia abre los canales para la bendición, quita los estorbos a su obra en nuestra vida, y prepara el camino para el cumplimiento de sus planes para cada uno de nosotros. La obediencia a Dios y sus caminos lo invita a que Él junte nuestro pasado, presente y futuro. La decisión siempre es nuestra.

Dios es amor, y el amor nunca coacciona. Como Padre, Dios quiere que sus hijos e hijas respondan a su invitación de amor y al llamado de la gracia. San Pablo recuerda a los cristianos de Roma que «Dios dispone todas las cosas para el bien de quienes lo aman». Lo mismo es cierto para cada uno de nosotros. Sin embargo, «quienes lo aman» lo hacen por decisión personal. El amor es la escogida senda hacia la obediencia. Jesús dijo: «Si ustedes me aman, obedecerán mis mandamientos» (Juan 14:15).

Todos los que aparecen en el relato de la presentación de Jesús en el templo amaban a Dios profundamente. Cada uno de ellos guardaba la palabra de Dios fielmente y demostró ese amor.

Simeón y Ana, ambos ancianos y devotos, fueron bendecidos por su obediencia al ver el cumplimiento de su devoción pasada.

Al encontrarse con Jesús ese día, presenciaron con sus propios ojos la bondad de Dios y su inmutable amor por ellos. Sabían que debido a que habían sido fieles a Él, Él había sido fiel a ellos. Su Dios había cumplido las promesas que les había dicho privadamente por tantos años. ¡Y cómo se alegraron!

¿Puede imaginarse la alegría que deben haber sentido al ver al niño, a quien sus padres llevaron al templo? Simeón fue al templo ese día en el Espíritu. El Señor lo llevó a que viera con sus propios ojos envejecidos la respuesta a sus oraciones, y el cumplimiento de su más profundo anhelo: que el Mesías estuviera en Israel antes de que él, Simeón, muriera. Ana, después de tantos años de devoción, sacrificio propio y disciplina espiritual, vio en persona la redención de Jerusalén llevada ante ella por una joven campesina desconocida, acompañada por su esposo carpintero.

El esposo, José, era hijo de Abraham y había obedecido las palabras del ángel del Señor. Él «hizo lo que el ángel del Señor le había mandado, y tomó a María por esposa» (Mateo 1:24). Había abrazado la obediencia por fe (Romanos 1:5; 16:26; 2 Corintios 10:5-6) y por consiguiente llegó a ser parte del misterio de la redención, oculto a través de los siglos en la mente y plan de Dios.

Este rito en el templo incluía una costumbre llamada rescate del primogénito, que era obligación del padre según la Ley. José, padre putativo del Hijo de Dios, cumplió con los requisitos de la Ley. El *primogénito* representaba a Israel, el pueblo del pacto que había sido liberado o rescatado de la esclavitud de Egipto y ahora pertenecía por entero a Dios. En el templo de Jerusalén, José presentó a Jesús, quien llegaría a ser el verdadero rescate por los pecados de todo el mundo, y por quien todas las naciones serían liberadas (1 Corintios 6:20; 7:23; 1 Pedro 1:19). Al hacer esto, cumplió la antigua ley hebrea.

José era un hombre consagrado que había visto más actividad sobrenatural en su vida que lo que jamás podría haber imaginado. Ahora, de nuevo, estaba oyendo palabras proféticas; no sólo de acción de gracias por profecías anteriores cumplidas, sino también predicciones para el futuro. Fue su privilegio ver más allá de las polvorientas calles de Belén y Nazaret, y vislumbrar la evidencia de mundo invisible. Debido a su obediencia, la fe de José se convirtió en vista. El Evangelio de Lucas nos dice que «El padre y la madre de Jesús se quedaron admirados al oír lo que Simeón decía del niño» (Lucas 2:33).

De una manera incluso más profunda, María fue bendecida mediante la obediencia. De tiempo en tiempo en el año anterior ella debe haber reflexionado en las palabras que le dijo el ángel. Su prima Elizabet había proclamado: «¡Dichosa tú por haber creído que han de cumplirse las cosas que el Señor te ha dicho!» (Lucas 1:45). Ahora de nuevo experimentaba el cumplimiento de las palabras del Señor. Estaba en el templo de Jerusalén con su Hijo prometido, escuchando cómo Simeón predecía el destino del niño con palabras enigmáticas y misteriosas.

Lo que ella oyó incluía predicciones de dolor y sufrimiento. Al permitirle ver lo que le esperaba, Dios estaba asegurándole que todo era parte de su plan, y que Él estaría con ella. Nunca la dejaría ni la desampararía, por difícil que se pusiera el camino. Al final de cuentas, tal como con Simeón y Ana, el gozo y dolor de la vida de María obraría para bien; no sólo en la Resurrección sino también en Pentecostés.

> JOSÉ ERA UN HOMBRE CONSAGRADO QUE HABÍA VISTO MÁS ACTIVIDAD SOBRENATURAL EN SU VIDA QUE LO QUE JAMÁS PODRÍA HABER IMAGINADO. AHORA, DE NUEVO, ESTABA OYENDO PALABRAS PROFÉTICAS.

El niño Jesús, también fue bendecido por la obediencia. Se benefició de la fidelidad de sus padres, y voluntariamente se sometió a su autoridad. Este ejemplo de obediencia fue el legado que recibió de María y José. María le había preparado en su infancia, niñez y juventud. Sus treinta años en Nazaret le informaron y prepararon para sus tres años de ministerio público, y le condujeron a la conclusión sacrificial de la obra de su vida.

José le había enseñado la Torá, como cualquier padre judío enseñaría a un hijo. También le enseñó a trabajar con madera. Para la familia de Nazaret, el trabajo era una expresión diaria de amor, tal como debe ser para nosotros. En el taller de Nazaret, Jesús transformó todo el trabajo humano en una ofrenda de amor a Dios.

En Nazaret, la vida de esta familia sagrada se convirtió en la primera iglesia, la iglesia en el hogar. Mediante esa transformación, vemos lo ordinario convirtiéndose en extraordinario mediante la obediencia. Todavía hoy, cuando esposos, esposas, padres e hijos hacen del hogar cristiano un lugar en donde Jesús verdaderamente está presente, llegan a ser parte integral de la Iglesia universal, spo de Cristo en la tierra.

San Ireneo escribió: «Dios exige obediencia humana para que su amor y compasión puedan tener la oportunidad de hacerles bien a los que le sirven diligentemente» (*Contra herejías*). La familia cristiana es la primera opción de Dios como ambiente para aprender las lecciones de obediencia. Cuando los padres fieles enseñan a sus hijos a obedecer sus palabras, también les enseñan a honrar a Dios y a respetar su autoridad. Ponen los pies de sus hijos e hijas en la senda de obediencia, capaces ya de encontrar el camino al plan de Dios para sus vidas. Al criarse en un hogar en donde se obedecía la palabra de Dios, Jesús pudo recibir las bendiciones terrenales que son un resultado colateral celestial de la obediencia.

¿Cómo podemos haberle perdido?
A los doce, algunos estaban aprendiendo a detestar a
    sus madres,
A meterse en problemas,
A fugarse del hogar
Pero no esté muchacho.
Sonreímos, sabiendo que estaba con los demás
Hasta que cayó la noche, y nadie le había visto.

Entonces el placer se convirtió en dolor; de nuevo.

Tres días, tres noches,
Los peores días de mi vida,
O por lo menos así lo creí en el momento.
¿Estaría muerto?
Finalmente, en la casa del padre, esos ojos amables
    pero eternos se posaron en los míos.
«¿Qué esperaban?», preguntó.

—LELA GILBERT

CAPÍTULO DIECINUEVE

# EN EL TEMPLO
## *Una transición familiar*

Los padres de Jesús iban todos los años a Jerusalén para la fiesta de la Pascua. Y así, cuando Jesús cumplió doce años, fueron allá todos ellos, como era costumbre en esa fiesta. Pero pasados aquellos días, cuando volvían a casa, el niño Jesús se quedó en Jerusalén, sin que sus padres se dieran cuenta. Pensando que Jesús iba entre la gente, hicieron un día de camino; pero luego, al buscarlo entre los parientes y conocidos, no lo encontraron. Así que regresaron a Jerusalén para buscarlo allí.

Al cabo de tres días lo encontraron en el templo, sentado entre los maestros de la ley, escuchándolos y haciéndoles preguntas. Y todos los que lo oían se admiraban de su inteligencia y de sus respuestas. Cuando sus padres lo vieron, se sorprendieron; y su madre le dijo:

—Hijo mío, ¿por qué nos has hecho esto? Tu padre y yo te hemos estado buscando llenos de angustia.

Jesús les contestó:

—¿Por qué me buscaban? ¿No sabían que tengo que estar en la casa de mi Padre?

Pero ellos no entendieron lo que les decía.

Entonces volvió con ellos a Nazaret, donde vivió obedeciéndolos en todo. Su madre guardaba todo esto en su corazón. Y Jesús seguía creciendo en sabiduría y estatura, y gozaba del favor de Dios y de los hombres (Lucas 2:41-52).

Debe haber sido un momento impactante. Jesús, que era el epítome de la gracia de Dios, miró a la mujer que lo había amado toda su vida, lo había cuidado, protegido, le enseñó el camino de Dios y oró por él. Y dijo: «¿Quién es mi madre?» Las palabras eran sorprendentes, tal vez un poco duras de oír.

Algunos han aducido que este pasaje del Evangelio de San Mateo implica que Jesús estaba restándole importancia a su madre terrenal. De hecho, ha sido desdichado que se haya usado como polémica para atacar cualquier importancia que se le da a María en el plan divino de salvación. Tal lectura no sólo adscribe erróneamente un papel mínimo a María en la revelación cristiana, sino también pierde una profunda verdad respecto a la vida y vocación cristianas. ¿Por qué? Porque cuando Jesús dijo: «¿Quién es mi madre?» no había terminado.

«Estos son mi madre y mis hermanos», prosiguió, posiblemente señalando con su mano a toda la multitud, indicando que sus palabras incluían a todos los que estaban oyéndole y aprendiendo de Él. «Porque cualquiera que hace la voluntad de mi Padre que está en el cielo, ese es mi hermano, mi hermana y mi madre».

Jesús no estaba trivializando su relación con María. No estaba insultándola. No estaba rechazando a su madre de nacimiento humano, y por tanto su naturaleza humana. Más bien Jesús estaba definiendo un nuevo tipo de familia. Sabemos que como hombre, la familia de Jesús estaba limitada por los lazos de consanguinidad y los matrimonios que existen en toda familia. Vemos evidencia de esto en las genealogías registradas en Mateo 1 y Lucas 3. Jesús era un hombre terrenal con una familia terrenal.

Pero Jesús, como hemos visto, era plenamente hombre y plenamente Dios. La familia divina de Jesús es en verdad mucho más grande. Con palabras dirigidas a un extraño de la multitud, abrazó en su círculo familiar a todos los que le aman, creen en Él y hacen su voluntad. Nosotros somos la familia de Dios. Por el bautismo entramos en comunión con la Santa Trinidad. Todo cristiano es parte de la familia de Dios. Mediante nuestro segundo nacimiento, nuestro nacimiento espiritual (Juan 3:4-16) pasamos a ser madres, hermanas y hermanos del Señor.

> LA IGLESIA CRISTIANA NO ES COMO UNA FAMILIA. MEDIANTE LA OBRA REDENTORA DE JESUCRISTO, LA IGLESIA *ES* UNA FAMILIA.

María es, por supuesto, la madre de nacimiento de Jesús. Lo concibió en su vientre, y lo trajo al mundo. Pero María fue también, por fe, parte de su familia celestial. Nuestra gran familia de Dios, la Iglesia, la comunión de todos los santos —vivos y muertos y todavía por nacer— se compone de todos los que han entrado o entrarán en una relación con Dios en Jesucristo y por medio de Jesucristo, y nacerán en la iglesia mediante las aguas del bautismo.

La nueva familia que Jesús vino a formar, la familia de la cual Él es la cabeza, es una comunidad real y tangible. Incluye relaciones auténticas, diversas, todas las cuales son transformadas por Jesucristo del tiempo a la eternidad. Estas relaciones tocan, modelan y hacen presente un misterio eterno concebido para nuestro bien en el corazón del Padre. La iglesia cristiana no es *como* una familia. Mediante la obra redentora de Jesucristo, la Iglesia *es* una familia.

Jesús define esta familia no por raza, color o credo, sino por algo mucho más delicado: «Cualquiera que hace la voluntad de mi

Padre que está en el cielo». Y ¿cuál es la voluntad del Padre? Hemos visto que al humillarnos, al obedecer la Palabra de Dios, al poner nuestra fe en Él, y a veces al participar de su sufrimiento, entramos en una relación de familia con Jesús. San Pablo añadió otra dimensión cuando dijo: «Tengan cuidado de que ninguno pague a otro mal por mal. Al contrario, procuren hacer siempre el bien, tanto entre ustedes mismos como a todo el mundo. Estén siempre contentos. Oren en todo momento. Den gracias a Dios por todo, porque esto es lo que él quiere de ustedes como creyentes en Cristo Jesús» (1 Tesalonicenses 5:15-18).

«Cómo hallar la voluntad de Dios» ocasionalmente es tema de debate, conjetura y opinión entre cristianos. Algunos, con una sonrisa irónica, preguntan cómo es posible perder algo tan importante como la voluntad de Dios. Otros se inscriben en seminarios, leen libros y ensayos, escuchan conferencias, y siguen toda clase de pasos, claves y acciones buscando esta meta elusiva. Parecen querer poder abrir alguna galletita celestial de la suerte y leer el misterioso mensaje —«la voluntad perfecta de Dios»— oculto adentro.

> ES LA VOLUNTAD DE JESÚS QUE TOMEMOS NUESTRA CRUZ Y LE SIGAMOS. CUANDO LO HACEMOS ASÍ, CON UN ADEMÁN DE SU MANO NOS INCLUYE COMO MIEMBROS DE SU GRAN FAMILIA ETERNA.

En realidad, aunque la voluntad de Dios para nuestro futuro, incluyendo carrera, cónyuge y otros esfuerzos rara vez se revela de antemano, la voluntad de Dios en cuanto a nuestra vida diaria no es difícil de descubrir. Dios sencillamente quiere que rindamos nuestra voluntad humana a su voluntad. Santo Tomás de Aquino escribió extensamente en cuanto a la voluntad, tanto humana como divina, y sucintamente lo resumió diciendo: «Entregarse a la voluntad de Dios es entregarlo todo».

Fue la voluntad del Padre para Jesús que este dejara su hogar celestial y ofreciera su vida por la humanidad en la cruz. Es la voluntad de Jesús que tomemos nuestra cruz y le sigamos. Cuando lo hacemos así, con un ademán de su mano nos incluye como miembros de su gran familia eterna. San Pablo escribió: «Alabado sea el Dios y Padre de nuestro Señor Jesucristo, pues en Cristo nos ha bendecido en los cielos con toda clase de bendiciones espirituales. Dios nos escogió en Cristo desde antes de la creación del mundo, para que fuéramos santos y sin defecto en su presencia. Por su amor, nos había destinado a ser adoptados como hijos suyos por medio de Jesucristo, hacia el cual nos ordenó, según la determinación bondadosa de su voluntad» (Efesios 1:3-5). Es la voluntad de Dios que seamos adoptados en su familia.

Mediante la vida, muerte y resurrección de Jesús, la creación ha empezado de nuevo. Él ha abierto el camino para que todo hombre, mujer y niño entre en el círculo de su familia. El cielo ha venido a la tierra para que los que estamos en la tierra podamos convertirnos en celestiales. Una vez esclavos encadenados y cautivos en sujeción al pecado, ahora somos hechos libres para ser hijos del Dios viviente. Junto con María, y todos los santos, tenemos acceso ilimitado a nuestro Padre mediante la obra de su Hijo, nuestro hermano Jesucristo.

# CAPÍTULO VEINTIDÓS

# EN LA CRUZ
## *La familia se amplía*

*Junto a la cruz de Jesús estaban su madre, y la hermana de su madre, María, esposa de Cleofás, y María Magdalena. Cuando Jesús vio a su madre, y junto a ella al discípulo a quien él quería mucho, dijo a su madre:*
*—Mujer, ahí tienes a tu hijo.*
*Luego le dijo al discípulo:*
*—Ahí tienes a tu madre. Desde entonces, ese discípulo la recibió en su casa (Juan 19:25-27).*

## STABAT MADRE DOLOROSA

En la cruz, manteniendo su estación,
estaba la madre llorando en aflicción,
cerca a Jesús hasta el final,
participando de su sufrimiento con su palpitar,
soportando la amarga angustia
de la espada que la ha traspasado.
Ah, ¡qué triste y profundamente angustiada
la muy bendita madre del Unigénito estaba!
Cristo, encima, en tormentos cuelga;
ella, abajo, contempla los estertores
de su Hijo glorioso que muere.
¿Quién no lloraría,
abrumado por tragedia tan profunda,
al contemplar a la amada madre de Cristo?
¿Puede el corazón humano abstenerse
de participar de su dolor,
del dolor indecible de esa madre?
Herido, vejado, maldecido, profanado,
contempla a su tierno Hijo;
destrozado con sangrientos flagelos
por los pecados de su nación,
le vio colgado en desolación,
hasta que su Espíritu partió...
—*atribuido a Bernardo de Claraval.*

A veces al acercarnos a la cruz nos acercamos en horror, aflicción e impotencia. Mirando hacia atrás dos milenios, no podemos comprender lo que vemos allí: la sangre, los gritos de la agonía y la multitud que se burla. Y de alguna manera nos quedamos sorprendidos al hallar a la madre de Jesús cerca, en compañía de San Juan y un puñado de otros. ¿Cómo puede ella soportar ver a su Hijo sufrir una muerte espantosa, muriendo a centímetros conforme la vida se escapa de su cuerpo destrozado? ¿Cómo podía ella irse? ¿Cómo podía darle la espalda y alejarse? ¿Adónde iría? ¿Qué puede hacer ella sino quedarse y contemplar?

No hay ningún registro de que María haya dicho palabra alguna durante aquellas horas amargas. De todas maneras, ella no era mujer de muchas palabras, y no había nada que decir. Tal vez, al estar allí, recordaba los momentos de la vida Jesús que ella había guardado en su corazón: su nacimiento, la visita de los magos, la huida a Egipto. Tal vez recordaba la conversación con Simeón en el templo, en la cual se le dijo que una espada le atravesaría el corazón. Con certeza ese día había llegado. Su propia muerte física no podía ser más dolorosa.

Tal vez pensó en las bodas de Caná, cuando Jesús dijo: «Mujer, ¿por qué me dices eso? Mi hora todavía no ha llegado». Pues bien, su hora ciertamente había llegado ese viernes. Y la fiel mujer que había sentido en carne propia cómo la vida de Él empezaba en Belén, estaba allí y contemplaba su fin en una lóbrega colina fuera de la muralla de Jerusalén. Tal como el agua hecha vino había corrido por las copas de los invitados en la boda de Caná, así contemplaba ella la sangre y el agua que fluía de su costado, y se derramaba en estanques escarlata en la tierra.

«Mujer», la había llamado Él en Canaán. Justo entonces ella oyó de nuevo su voz.

«Mujer», empezó él, esforzándose por respirar, fijando sus ojos en ella, y luego en Juan: «ahí tienes a tu hijo». Luego le dijo a Juan: «Ahí tienes a tu madre».

Desde ese momento, leemos, Juan se la llevó de la brutal escena, y le dio un hogar desde ese día en adelante.

En el relato del evangelio, Jesús ya había definido a la familia. Un día en que su madre y hermanos lo buscaban, como hemos visto, Él ya había dado una dimensión celestial de la familia terrenal, al incluir como su madre, hermanos y hermanas a todos los que hacen la voluntad de su Padre. Allí, con su último aliento, le entrega a Juan a su madre. Al hacerlo así, simbólicamente la hace madre de todos los creyentes. «Desde entonces ese discípulo la recibió en su casa».

> «MUJER», EMPEZÓ ÉL, ESFORZÁNDOSE POR RESPIRAR, FIJANDO SUS OJOS EN ELLA, Y LUEGO EN JUAN: «AHÍ TIENES A TU HIJO». LUEGO LE DIJO A JUAN: «AHÍ TIENES A TU MADRE».

Esta es una pregunta interesante. ¿Hemos recibido a María en nuestros hogares? ¿La hemos incluido en nuestras familias como lo hizo Juan? Debido a malos entendidos, errores e interpretaciones erróneas, los cristianos protestantes a menudo rechazan a María. Algunos dicen: «Ella no merece ningún honor por encima de cualquier otra mujer». Se le rechaza como síntoma de paganismo, o como indicación de idolatría, o incluso como un resurgimiento de algún culto antiguo a la diosa madre. En su mayoría, esto se arraiga bien sea en falta de conocimiento, o generaciones de herencia de sospecha arraigada en las divisiones dentro de la Iglesia producidas por nuestros propios pecados contra la unidad.

Sin embargo, en la Biblia a María se le llama «bendita entre las mujeres». Se dice que es «llena de gracia». Martín Lutero escribió en 1529: «María es la madre de Jesús y la madre de todos nosotros. Para que Cristo sea nuestro ... todo lo que Él tiene debe ser nuestro, y su madre también debe ser nuestra».

¿Cómo incluimos a María en nuestra vida? Lo hacemos andando cómo ella anduvo. Es el camino de la humildad, la obediencia y la fe. Aquí vemos que ella, también, siguió el camino de la cruz. Jesús fue herido por nuestras transgresiones. El corazón de María se partió por Jesús. Ella sufrió por su amor por Él. Ella recibió salvación por la muerte de Él, y recibió la vida mediante su resurrección, y tal como veremos en el próximo capítulo, ella recibió el Espíritu Santo con los otros discípulos en el Aposento Alto el Domingo de Pentecostés. Es cierto que es nuestra hermana. Pero es más.

¿Tenemos miedo de responder a las palabras de Jesús a Juan en la cruz: «Ahí tienes a tu madre»?

El camino de María nos conduce al Calvario, y de allí a la tumba vacía. No es un camino fácil, pero María no tuvo miedo. Por su vida fiel y humilde, y por su presencia en la cruz, nos muestra cómo superar el más grande obstáculo a la fe espiritual: el temor. Encontrémosla en su dolor, su pérdida y su aflicción. Escojamos, entonces, sin temor, aceptar el sufrimiento en nuestra vida como ella lo aceptó, recibiendo de buen grado las heridas del amor. Sólo al hacerlo así podemos verdaderamente participar con ella en el gozo de la resurrección.

Un maravilloso abad occidental llamado Columbano instruyó una vez a sus monjes sobre la vida cristiana en un escrito que contiene las palabras de esta oración:

Inspira nuestros corazones, te pido, Jesús, con
ese aliento de tu Espíritu; hiere nuestras almas con
tu amor, para que el alma de cada uno y todos noso-

tros pueda decir en verdad: muéstrame el deseo de mi alma, porque estoy herido por el amor. Estas son las heridas que deseo, Señor. Bendita es el alma herida así por el amor. Tal alma busca la fuente de la vida eterna y bebe de ella, aunque continúa con sed y su sed crece más cada vez que bebe. Por consiguiente, mientras más ama el alma, más desea amar, y mientras más grande es su sufrimiento, más grande es la cura. De esta manera nuestro Dios y Señor Jesucristo, el buen médico y salvador, hiere lo más hondo de nuestra alma con una herida salvadora; el mismo Jesucristo que reina en unidad con el Padre y el Espíritu Santo, para siempre jamás. Amén.

# CAPÍTULO VEINTITRÉS

# DOMINGO DE PENTECOSTÉS

## *La familia recibe poder*

Cuando llegaron a la ciudad, subieron al piso alto de la casa donde estaban alojados. Eran Pedro, Juan, Santiago, Andrés, Felipe, Tomás, Bartolomé, Mateo, Santiago hijo de Alfeo, Simón el Celote, y Judas, el hijo de Santiago. Todos ellos se reunían siempre para orar con algunas mujeres, con María, la madre de Jesús, y con sus hermanos (Hechos 1:13-14).

Cuando llegó la fiesta de Pentecostés, todos los creyentes se encontraban reunidos en un mismo lugar. De repente, un gran ruido que venía del cielo, como de un viento fuerte, resonó en toda la casa donde ellos estaban. Y se les aparecieron lenguas como de fuego que se repartieron, y sobre cada uno de ellos se asentó una. Y todos quedaron llenos del Espíritu Santo, y comenzaron a hablar en otras lenguas, según el Espíritu hacía que hablaran (Hechos 2:1-4).

Era una reunión llena de esperanza de los amigos de Jesús aquel domingo de Pentecostés. Los que le conocieron mejor estaban allí, incluyendo su madre, María. Todos los que habían andado con Él y hablado con Él. Algunos de ellos habían estado en persona al pie de la cruz, pero todos sabían en detalle cómo había transcurrido aquel aterrador evento. Todos estaban entusiasmados por los rumores de la resurrección; y habían estado presentes en algunas de sus apariciones inesperadas. Después del entierro, el silencio, la depresión, le habían visto vivo, habían tocado su carne caliente, y sin embargo habían percibido que Él de alguna manera había cambiado.

Antes de regresar al cielo, Jesús les había instruido que esperaran la llegada de su Espíritu. Él había hablado bastante acerca del Consolador, el Espíritu de Verdad que vendría. Había prometido: «Cuando venga el Espíritu de la verdad, él los guiará a toda verdad; porque no hablará por su propia cuenta, sino que dirá todo lo que oiga, y les hará saber las cosas que van a suceder. Él mostrará mi gloria» (Juan 16:13-14).

Así que ahora esperaban. Todo lo que Él había dicho de antemano en cuanto a su muerte y vuelta a la vida había sucedido, tal como lo había dicho. De seguro esto también sucedería.

Estaban reunidos en un lugar, con un propósito, cuando de repente, la promesa de Jesús se cumplió. Les había dicho que debía ascender, en sus propias palabras, al «que es mi Padre y Padre de ustedes, mi Dios y Dios de ustedes» (Juan 20:17) porque «si no me voy, el Defensor no vendrá para estar con ustedes» (Juan 16:7).

Pero, ¿sabían ellos qué esperar? ¿Esperaban un ruido sobrenatural, un viento fuerte, llamas de fuego? María había hablado cara a cara con el ángel Gabriel, había dado a luz al Hijo de Dios a pesar de su virginidad, y había estado presente cuando Jesús realizó incontables milagros. Le había visto morir, volver a la vida y ascender al cielo. Tal vez se preguntaba qué sucedería después

De repente, mientras esperaban, el Espíritu Santo se derramó sobre aquellos primeros creyentes y, por medio de ellos, en la Iglesia. En un momento indescriptible, Jesús envió a su Espíritu para dar poder a su nueva familia. Los hombres y mujeres del Aposento Alto quedaron equipados para vivir como pueblo nuevo, constituido en la historia, y llamados a dirigir al mundo de vuelta al Padre por medio del Hijo. La tercera persona de la Trinidad pasó a presidirlos, y los llenó con el fuego ardiente y energizante del Dios viviente.

Gracias al Espíritu Santo, aquellos creyentes podían continuar en comunión ininterrumpida con Jesús, y por intermedio de Jesús, con el Padre. Estaban *en Jesús* y unos con otros. Jesús estaba *en* ellos por amor al mundo.

Después de Pentecostés:

> Eran fieles en conservar la enseñanza de los apóstoles, en compartir lo que tenían, en reunirse para partir el pan y en la oración. Todos estaban asombrados a causa de los muchos milagros y señales que Dios hacía por medio de los apóstoles. Todos los creyentes estaban muy unidos y compartían sus bienes entre sí; vendían sus propiedades y todo lo que tenían, y repartían el dinero según las necesidades de cada uno. Todos los días se reunían en el templo, y en las casas partían el pan y comían juntos con alegría y sencillez de corazón. Alababan a Dios y eran estimados por todos; y cada día el Señor hacía

crecer la comunidad con el número de los que él iba llamando a la salvación (Hechos 2:42-47).

Dos mil años han transcurrido desde aquel domingo milagroso. En el siglo XX, algunas iglesias evangélicas protestantes han desarrollado tradiciones preciadas que marcan derramamientos especiales del Espíritu Santo durante su día. Un movimiento pentecostal moderno nació de varios de ellos, y mucho bien ha resultado de eso. Mientras tanto, el Concilio Vaticano II de la Iglesia Católica empezó con una oración por un «nuevo Pentecostés». En los círculos católicos y ortodoxos también empezaron movimientos pentecostales, a veces con la ayuda de pioneros de otras comunidades cristianas, señal segura de auténtica hermandad ecuménica. Esa unidad sola representa una de las más grandes evidencias de la presencia del Espíritu Santo.

> TRÁGICAMENTE, DEBIDO AL ABUSO, USO EQUIVOCADO Y AMBICIÓN EGOÍSTA DE PARTE DE ALGUNOS, LA OBRA DEL ESPÍRITU SANTO EN NUESTRO MUNDO CONTEMPORÁNEO SE HA CONVERTIDO EN PUNTO DE CONTENCIÓN EN VEZ DE UN MOTIVO DE UNIDAD ENTRE LOS CRISTIANOS.

Desafortunadamente, también hubo grupos pequeños e individuos que empezaron a apropiarse de la experiencia de esos encuentros con el Espíritu Santo, y a establecer criterios para juzgar su legitimidad. Trágicamente, debido al abuso, uso equivocado y ambición egoísta de parte de algunos, la obra del Espíritu Santo en nuestro mundo contemporáneo se ha convertido en punto de contención en vez de un motivo de unidad entre los cristianos.

¿Fue este encuentro con el Espíritu Santo en el Aposento Alto, según relata Lucas en Hechos de los Apóstoles, en realidad una demostración de algún tipo de poder? ¿Tuvo el propósito de atraer la atención a algún individuo, o a algún grupo de buscadores? No. El Pentecostés equipó a todos los seguidores del Mesías, que había resucitado de los muertos y ascendido al Padre, para que llegaran a ser su familia en la tierra. Como su Iglesia somos todos llamados y equipados para llevar hacia adelante su misión redentora hasta que Él vuelva.

Con esto en mente, oremos que como familia de Dios —llamados a seguirle y con poder para servirle— demostremos una fe cristiana llena de luz, de gozo, a un mundo cada vez más entenebrecido y aterrado.

Que nuestra experiencia pentecostal nos una como un cuerpo unificado en Cristo, y que nos amemos unos a otros como Él nos ha amado.

Que el Espíritu Santo nos use para restaurar la belleza de la Iglesia en nuestros días de modo que, como hijos e hijas de Dios, podamos seguir llevando adelante su misión.

Que hallemos la manera de ir más allá de nosotros mismos y abrazar a las almas cansadas de la tierra que tan desesperadamente necesitan captar un vislumbre del cielo.

Como el venerable Bede escribió hace cientos de años:

> La persona que confía en que puede hallar reposo en las delicias y abundancias de las cosas terrenales se engaña a sí misma. Por los frecuentes desórdenes del mundo, y a la larga por su final, tal persona demuestra convincentemente haber puesto los cimientos de su tranquilidad en la arena. Pero todos aquellos en quienes ha soplado el Espíritu Santo, y han tomado sobre sí mismos el yugo agradable del amor del Señor, y siguen su ejemplo, han aprendido a ser mansos y humildes de corazón, y disfrutan incluso en el presente alguna imagen de la tranquilidad futura.

Con esto en mente sentémonos humildemente con nuestros hermanos y hermanas, nuestra familia celestial, y esperemos el carisma, la promesa y los misterios de Pentecostés que Jesús puede tener para nosotros hoy.

Y en este capítulo final de su historia, volvamos una vez más a nuestra contemplación de María. ¿Perdió ella su humildad debido a que fue de nuevo envuelta por la sombra del Espíritu Santo y fortalecida cuando el Espíritu se derramó en el Aposento Alto? ¿Se volvió ella afirmativa, arrogante y de cierta manera se realizó a sí misma? No hay razón para pensar que de repente se puso de pie y anunció que ella, la Madre de Dios, era ahora una mujer muy poderosa. Ella no pidió ningún asiento especial al frente del salón. No le recordó a nadie que había dado a luz a un Hijo por el poder del Espíritu Santo, y que por consiguiente era su favorita. No, María entendió bien la obra del Espíritu Santo. En verdad, ella vivió en el Espíritu. Llevó el fruto del amor rendido.

¿Somos humildes, obedientes, y fieles lo suficiente para seguir el camino de María en esto?

Un maravilloso padre oriental escribió: «El objetivo de la vida cristiana es la adquisición del Espíritu Santo». Unámonos a Él, y con una oración occidental antigua que todavía hace eco en la Iglesia hoy:

Ven, Espíritu Santo, llena el corazón de tus fieles y enciende en ellos el fuego de tu amor. Envía tu Espíritu y ellos serán creados. Tú renovarás la faz de la tierra. Oh Dios, que por la luz de tu Santo Espíritu instruiste el corazón de los fieles, concédenos que por el mismo Espíritu Santo podamos ser verdaderamente sabios y gozar siempre de sus consolaciones, por Cristo nuestro Señor, amén.

# VIVAMOS UNA VIDA
# DE ENTREGA

*El que me ama, mi palabra guardará; y mi Padre le
amará, y vendremos a él, y haremos morada con él.*
*—Jesús (Evangelio según San Juan 14:23).*

*Jesús, en quien mora la plenitud de Dios, se ha con-
vertido en nuestro hogar al hacer su hogar en nosotros. Nos permite a nosotros hacer nuestro hogar en
Él. Al entrar Él en intimidad en nuestro ser más íntimo, nos ofrece la oportunidad de entrar en su propia
intimidad con Dios. Al escogernos como su lugar preferido de morada, nos invita a escogerle como nuestro
lugar preferido de morada. Este es el misterio de la
encarnación. Aquí llegamos a ver lo que quiere decir
la disciplina en la vida espiritual. Quiere decir un
proceso gradual de venir a casa, adonde pertenecemos, y escuchar aquí la voz que desea nuestra atención. Hogar es ese lugar en donde mora ese primer
Amor y nos habla suavemente gentileza. La oración
es la manera más concreta de hacer nuestro hogar en
Dios.*
*—Henri Nouwen, Lifesigns, 37-39.*

Por siglos los cristianos y personas de otra fe y buena voluntad han reflexionado sobre una joven judía llamaba María. Su *fiat*, su sí a la invitación del mensajero de Dios, cambió para siempre el curso de la historia humana. Quiere decir que cambió nuestra propia historia, al revelarnos un modelo de vida, una forma de oración y un estilo de vida de amor rendido.

Desdichadamente, en la iglesia occidental, María se ha convertido con demasiada frecuencia en punto de división. Como en el caso de muchas de las diferencias entre los cristianos protestantes y católico romanos, la reflexión teológica sobre María se ha desarrollado en una discusión en vez de evolucionar en una oportunidad para mostrar gracia. Sin embargo, la reflexión sobre María continúa porque hay mucho que aprender de su vida y su testimonio.

María representa tanto el mensaje como la mensajera. *La Oración de María* se ofrece como un puente para sanar las facciones dentro de la familia de la Iglesia, el Cuerpo de su Hijo, nuestro Señor y Salvador Jesucristo. El propósito de este libro es enfocar no tanto en la devoción *a* María sino más bien en la devoción *de* María.

Algunos libros contemporáneos sobre la oración, espiritualidad y fe intentan reducir la vida «espiritual» a una fórmula que nos haga sentir mejor, o que tal vez nos ayude a *lograr* algo. En esos intentos, no sacian el hambre del corazón y pasan por alto la verdad interna del llamado a tener comunión con el Dios viviente, que es la misma médula de la oración auténtica. También abren la verdadera belleza de la vocación espiritual; el llamado a vivir la vida en una entrega de amor, a Dios y en Dios, a otros.

La oración es la puerta a una relación de intimidad con el Dios de todo el universo que no sólo creó el mundo —y a todos los que moran en él—, sino que formó a los hombres y a las mujeres para tener comunión con Él. En su Hijo Jesucristo, y a través de Él, se nos invita a ser creados de nuevo, hechos nuevos, transformados y redimidos. Esto es posible mediante la gran *kenosis*, o vaciamiento propio, de Jesucristo (Filipenses 2:5-7). Dios, quien nos crea y nos hace de nuevo por amor, desea venir y hacer su hogar en los que tienen lugar para Él (Juan 14:23). Este «hacerle lugar», y el diálogo que supone, es la esencia de la oración.

La revelación cristiana responde a las preguntas existenciales que acosan a todo corazón humano. El evangelio, las «buenas noticias» de Jesucristo, presenta el sendero para regresar a una plena comunión con Dios. Ese sendero está pavimentado por el ejercicio de nuestra libertad, al vivir la vida rendida. Se nos invita a vaciarnos de nosotros mismos a fin de que seamos llenos de su presencia. Él es el Dios que viene. Nuestra vida, vivida ahora en Dios a través de Jesucristo, procede de la oración. La oración llega a ser el aula de comunión en donde podemos aprender y discernir la verdad en cuanto a quiénes somos —y quiénes podemos llegar a ser— en Jesús.

En la oración empezamos a entender por qué esta comunión parece tan elusiva a veces. Empezamos a ver por qué nos sentimos tan perdidos en una lucha evidente con nuestros propios apetitos desordenados, y en oposición a la belleza y orden de la misma creación en que vivimos. Por eso la oración nos abre a la revelación. La verdadera noción teológica debe ser experimentada y captada mediante la comunión con Dios. Por eso los verdaderos teólogos son místicos.

Es la revelación cristiana la que ayuda a explicar lo que parece ser la lucha insulsa de la humanidad: deambulando como Caín en la tierra de Nod, al oriente del Edén. Nos dice que nuestra comunión con Dios se interrumpió por lo que los cristianos llamamos *pecado*. Los cristianos del Oriente, católicos y ortodoxos, hablan de la misma realidad, pero a menudo en diferente vocabulario. Explican la ruptura entre Dios y el hombre desde un aspecto diferente de la misma verdad. La encarnación de Jesucristo se ve como un aspecto de reciprocidad. Dios se da a sí mismo a nosotros en Jesucristo, y en Él se nos capacita para que nos entreguemos nosotros mismos de vuelta a Él. En nuestra participación en Jesucristo y gracias a ella, llegamos a ser, en las palabras del apóstol Pedro, «participantes de la naturaleza divina» (2 Pedro 1:4). Participamos en la comunión del amor trinitario.

«El pecado mortal es una posibilidad radical de la libertad humana, como lo es el mismo amor», explica el Catecismo de la Iglesia Católica (CCC. Par. 1861). El ejercicio debido de nuestra libertad es un estilo de vida en que se responde a las invitaciones continuas a tener comunión con Dios. La vida espiritual es en sí una consagración renovada mediante la derrota del pecado y al ser hechos nuevos en Cristo, para escoger voluntariamente a Dios. En su misma esencia el pecado es elegir lo que es contrario a la invitación de Dios a esta comunión de amor.

Dios invita, nosotros respondemos. Es la fe lo que orienta y lo hace posible. También abre la vida dinámica de gracia. Vivir por fe es el principio de la vida rendida. Esta es la manera de hallar y realizar nuestra vocación propia. Esta comunión con Dios la inicia Él mismo. Es una dádiva de amor, porque el amor se puede aceptar sólo mediante una respuesta voluntaria de amor. Nuestra respuesta debe fluir libremente de un corazón que palpita en amor rendido.

El Dios que es amor anhela la comunión de sus hijos e hijas, no la respuesta esclavizada de los coaccionados. Nosotros anhelamos comunión con Él porque somos hechos de esa manera. Nada más saciará esa hambre tan honda. El padre de la Iglesia Primitiva, Orígenes, escribió: «Todo ser espiritual es, por naturaleza, un templo de Dios, creado para recibir en sí mismo la gloria de

Dios». La teología clásica enseña que somos *imagen* de Dios, llamados a su misma vida íntima por su Hijo Jesucristo.

Mediante la oración, recuperamos la capacidad de ahondar esta comunión de amor, y nos entregamos en sus brazos. Esta manera dinámica de vivir nos hace nuevas criaturas. Es un intercambio de Amor por amor. Ahora clamamos con Jesucristo: «Abba Padre». Ya no somos extranjeros, y participamos de la vida de la Trinidad. Experimentamos una participación real en la vida íntima de Dios. Él mora en nosotros, y nosotros moramos en Él, por su Espíritu. Esto es la esencia de lo que es en realidad la oración. No es cuestión de hacer o conseguir, sino más bien es asunto de ser, recibir, dar y amar.

Vivimos de la manera que amamos, y amamos de la manera en que oramos.

La oración nos ayuda a reparar la brecha y sanar las heridas causadas por nuestro propio pecado, nuestras decisiones contra las invitaciones del amor de Dios. Vuelve a abrir la puerta a una nueva vida a través de Jesucristo y en Él a la comunión con el Padre, de unos con otros, y con el mundo que él creó y está creando de nuevo en Cristo. Todo esto se desenvuelve por la acción del Espíritu Santo que nos guía a la misma vida íntima de la Trinidad.

Esta relación de comunión, este estilo de vida de oración, empieza cuando expresamos nuestra entrega en el alma, al dar nuestro propio *fiat*. El hambre del corazón humano se sacia sólo cuando vivimos en Dios. En esta vida apenas empezamos el recorrido. En la vida venidera finalmente experimentaremos la plenitud de su belleza.

María lo comprendió. Fue una mujer enamorada, total y completamente, de Dios. María fue una mujer de oración, y vivió en una conversación continua y comunión íntima con Dios. Se nos invita a su oración, a esa misma relación con Dios. Comprender y vivir la oración de María es cuestión de vivir una vida de amor rendido. Es más cuestión de *ser* que de hacer. Es cuestión de respuesta más que iniciación. Es cuestión de encontrar a Dios en una relación, personal e íntima.

El *Fiat* de María: «hágase conmigo conforme a tu palabra» (Lucas 1:38) provee un modelo de oración y una forma de vida. Como hemos visto, su *Fiat* prorrumpe en alabanza. Esta alabanza llegó a ser un estilo de vida de apertura a Dios. El *Magníficat* empieza con las palabras: «Engrandece mi alma al Señor» (Lucas 1:46-55), y contiene la esencia de la vida cristiana: Él debe aumentar, ser magnificado, mientras nosotros menguamos (Juan 3:30). Para los que tienen ojos para ver, revela el significado de la existencia humana. Fuimos hechos para entregamos en amor. El *Fiat* y todo el *Magníficat* constituyen un libro de lección, una guía que todo cristiano debe seguir.

Nuestra vida diaria, tan real y humana, con todas sus bendiciones y todo su dolor, también está repleta de significado, propósito y destino; si tenemos ojos para ver, oídos para oír y corazones para responder con la entrega voluntaria que expresó tan hermosamente María, la Virgen de Nazaret. Su respuesta revela un corazón de fe. Este libro de lección es una necesidad desesperada en una edad que se caracteriza tanto por el orgullo, la arrogancia del poder y grandiosidad. La vida entera de María nos muestra lo que nuestra propia vida puede llegar a ser si seguimos una trayectoria de amor rendido.

María dijo que sí a la invitación de amor y se humilló a sí misma. Confrontó sus propios temores y entró en una nueva manera de vivir. Su respuesta sencilla se desborda en su *Magníficat* de alabanza. Por esta respuesta ella asumió en la vida una postura de recibir y dar y llegó a ser una mujer fructífera, que «llevó a Dios» o «madre de Dios» (siendo ambas traducciones del griego *teotokos*). Ella dio a luz al Verbo de Dios, y aquel Verbo fue hecho carne, y habitó entre nosotros» (Juan 1:14).

Su humilde rendición produjo el fruto de su *Magníficat*, que produjo el fruto del Verbo, que ella expresó y que nació de ella.

Esta es la trayectoria de la vida de todo cristiano, el prototipo de la vocación de toda persona humana que escoge decirle que sí a Dios. Somos hechos para vivir la vida rendida. Dios no es una añadidura en nuestra vida. Más bien es su fuente y clímax. La espiritualidad auténtica es «de adentro hacia afuera» antes que «de afuera hacia adentro». Dios viene y vive en nosotros, y nosotros hallamos nuestro hogar en Él. Hay un camino, un modelo, al que se invita a todo hombre y mujer; no sólo una vez, sino diariamente. En este camino la vida de María reveló el significado más profundo de toda vida humana. Nos mostró un sendero a lo que la Biblia ha llamado el «camino más excelente» (1 Corintios 12:31), el camino del amor.

María anduvo en ese camino con la belleza nacida de la humildad.

¿Sorprende acaso que los primeros cristianos pintaron su imagen en las catacumbas durante sus momentos de temor, persecución y dudas? Hallaron gran inspiración en esta mujercita de gran fe. En su sí, llegaron a entender que las personas ordinarias pueden cambiar la historia humana. Fueron inspirados para añadir su propio sí, su propio *fiat*, al de ella.

No en balde que los escritos de los primeros padres de la iglesia cristiana también estuvieron repletos de reflexiones sobre esta mujer que dijo tan pocas palabras en el texto bíblico. Eso se debe a que no es cuestión de abundancia de palabras, sino más bien de nuestra receptividad al Verbo.

Justino Mártir, y muchos otros apologistas cristianos, hallaron en el sí obediente que María le dio al ángel el deshacer del «No, yo no quiero servir» pronunciado en rebelión por la primera mujer, Eva. Llamaron a María «la segunda Eva», madre de una nueva creación, porque ella dijo que sí y en su vientre llevó al que las Escrituras cristianas llaman el «postrer Adán» (1 Corintios 15:45). Jesucristo nació de ella como el primogénito de una nueva raza de hombres y mujeres que hallarían por sí mismos un nuevo nacimiento mediante su vida, muerte y resurrección.

Ese mismo Redentor ahora desea residir en todos los que escogen diariamente responder a la invitación del amor, como María respondió, como todos los que escogen vivir la vida rendida.

La elección de María, su respuesta a la invitación de un Dios que respeta la libertad humana, es un hecho singularmente extraordinario en toda la historia humana. Sin embargo, tiene el propósito de ser mucho más. Es una invitación a cada uno de nosotros a explorar nuestra propia historia y escribirla de nuevo en Él.

Elevemos la oración de María.

Amodorrada bajo el candente sol de Éfeso,
contemplé mis manos arrugadas
y recuerdo.

Primero el vacío:
Sí, me dijeron que Él había vuelto,
Sí, le vi por mí misma,
pero mi corazón seguía frío, extrañamente ausente.
Incluso cuando Él desapareció en las nubes, no me
     conmovió.
*Basta de despedidas*, me dije,
un poco triste,
y de alguna manera aliviada.

Más tarde, estaba orando con amigos
cuando un viento fresco sopló sobre nosotros.
Coronados con pequeña llamas,
nos miramos unos a otros, riéndonos de asombro.
Mientras titilando en mis tinieblas
una chispa se encendió, llenándome de fuego,
de pan partido,
con otra bebida cálida y honda del vino de Caná.

De nuevo Él se agitó dentro de mí,
un saludo de un amigo,
vivo de nuevo. Él y yo.

—LELA GILBERT

Al papa Juan Pablo II, quien se convirtió en la palabra profética que habló a la Iglesia y al mundo, al derramarse, a través de sus sufrimientos y debilidades como libación, en entrega de amor al Señor. Nos enseño cómo vivir, amar, sufrir y morir por el Señor.

A mi querida esposa y mejor amiga, Laurine, quien me ha mostrado, a través de todos estos años juntos la belleza y dignidad del «genio femenino» al vivir el «Fiat» en su santa vocación como esposa, madre, hermana y modelo. Al padre Philip Bebie, sacerdote y siervo de Dios, quien a través de su vida, sufrimientos y muerte me enseño el camino de María.

A la humilde Virgen de Nazaret, cuya receptividad y entrega a la invitación de Dios cambió al mundo. Todas las generaciones ciertamente te han llamado «bendita», y yo me encuentro entre ellos.

¡Totus Tuus!

# Acerca de los autores

El Rev. Keith Fournier es diácono de la Iglesia Católica Romana y sirve (con aprobación) en la Iglesia Católica Melquita Griega (Bizantina). Es abogado, autor, erudito, ecumenista y académico. Tiene un bachillerato en Filosofía y Teología (*summa cum laude*) de la Universidad Franciscana de Steubenville, una maestría en Teología Sagrada del Instituto Juan Pablo II de la Universidad Laterana (*magna cum laude*), y un doctorado en jurisprudencia de la Escuela de Derechos de la Universidad de Pittsburgh. Es fundador de Common Good Movement, activistas cristianos por el fortalecimiento de una cultura de familia, libertad y solidaridad con el pobre. Fournier ha escrito siete libros, numerosos folletos y cientos de artículos sobre temas relacionados con la fe, la familia, la evangelización, así como sobre la unidad cristiana y la espiritualidad.

Lela Gilbert es la escritora y editora independiente de cuarenta libros para casas como Tyndale, W Publishing Group, Multnomah y Baker

Taos Review · The Texas Review · Threepenny Review · TriQuarterly · The Virginia Quarterly Review · Webster Review · West Branch · Western Humanities Review · Wind · Writers' Forum · The Yale Review · Yellow Silk · Zyzzyva